奥妙科普系列丛书

全彩版

DISCOVERY

让青少年着迷
的科普书

彩图珍藏版

人类未解之谜

张喜庆◎编著

吉林出版集团股份有限公司·全国百佳图书出版单位

图书在版编目 (CIP) 数据

人类未解之谜 / 张喜庆编著 . — 长春：吉林出版
集团股份有限公司，2013.12（2021.12 重印）
（奥妙科普系列丛书）

ISBN 978-7-5534-3908-2

Ⅰ.①人… Ⅱ.①张… Ⅲ.①科学知识—青年读物
②科学知识—少年读物 Ⅳ.① Z228.1

中国版本图书馆 CIP 数据核字 (2013) 第 317303 号

RENLEI WEIJIE ZHI MI

人类未解之谜

编　　著：张喜庆
责任编辑：孙　婷
封面设计：晴晨工作室
版式设计：晴晨工作室
出　　版：吉林出版集团股份有限公司
发　　行：吉林出版集团青少年书刊发行有限公司
地　　址：长春市福祉大路 5788 号
邮政编码：130021
电　　话：0431-81629800
印　　刷：永清县晔盛亚胶印有限公司
版　　次：2014 年 3 月第 1 版
印　　次：2021 年 12 月第 5 次印刷
开　　本：710mm×1000mm　　1/16
印　　张：12
字　　数：176 千字
书　　号：ISBN 978-7-5534-3908-2
定　　价：45.00 元

前言

Foreword

　　在幽静的夜晚，天空中闪烁的星星调皮地对我们眨着眼睛。我们不禁想着，遥远的天空外有什么呢？是不是有美丽的仙女和和蔼的老神仙？慢慢的，我们才知道，天空的那边没有仙女，也没有不老药，有的只是无边无际的宇宙。

　　宇宙不只是大海和陆地，不只是地球和月亮，它包括着所有的物质，它浩瀚又宽广，包罗万物。而我们，只是其中的一份子。

目录

第一章 古文明兴衰史

002 / 哈拉帕古文明之谜

005 / 神秘的托素湖古文明

008 / 巴斯克语言之谜

010 / 消失的波斯楔形文字

013 / 巴别通天塔之谜

016 / 土耳其地下城市

019 / 一个人的爱情城堡

022 / 中国人与数字

025 / 神秘的月球背面图

027 / 纳玛托岛石柱建筑

029 / 被诅咒的遗迹

031 / 荷马与《荷马史诗》

033 / 微型甲骨与红崖天书

035 / 《周易》玄妙知多少

第二章　人体奇异现象

038 / 奇妙的性别之分

040 / 记忆从哪里来

042 / 特异功能的奥秘

045 / 人体生物电

047 / 第三只眼睛之谜

049 / 痛是如何产生的

052 / 匪夷所思的人体潜能

054 / 永不沉底的"软木人"

056 / "铁人"与"磁人"

059 / 神奇的催眠术

062 / 尸身不腐之谜

064 / 巫毒教还魂术

067 / 人体为何在增高

070 / 皮肤也能阅读

第三章　生物未解之谜

074 / 植物与阿司匹林

076 / 真有吃人的植物吗

078 / 神奇的黏菌

目录

080 / 植物睡眠揭秘

083 / 旅鼠集体投海之谜

086 / 动物冬眠揭秘

089 / 猿是如何变成人的

092 / 高原"雪人"之谜

094 / 喜马拉雅"雪人"之谜

096 / "海底人"之谜

098 / "狼孩"之谜

第四章　光环背后的名人

102 / 兵圣身世之谜

104 / 淮阴侯谋反之谜

106 / 武则天无字碑之谜

109 / 匈奴王死因之谜

112 / 达·芬奇智商之谜

114 / 牛顿精神失常之谜

116 / 普希金死亡真相

119 / 音乐大师死亡之谜

121 / 安徒生身世之谜

第五章　世界军事谜团

124 / 诸葛亮与"空城计"

126 / 百万秦师消失之谜

128 / 斯巴达克南下之谜

130 / 角斗士是素食者吗

132 / "老虎部队"恶行揭秘

134 / 川岛芳子生死之谜

136 / 苏联空军入朝之谜

138 / 泄密的"黄色计划"

140 / 珍珠港"苦肉计"之谜

142 / 川军整团消失之谜

144 / 赫斯一生皆是迷

146 / 纳粹战犯失踪揭秘

149 / "胡志明小道"之谜

第六章　历史疑点追踪

152 / 是否真有鬼谷子其人

目录

CONTENTS

155 / 秦始皇生父之谜

158 / 屈原沉江之谜

160 / 明太子下落之谜

163 / 查理大帝加冕之谜

166 / 年羹尧被杀之谜

168 / 裕仁天皇脱罪之谜

170 / 徐福下落之谜

173 / 孔子不为人知的身世

176 / 不爱江山爱美人的爱德华八世

179 / 罗马祖先之谜

182 / "法老诅咒"是真实存在的吗

第一章
古文明兴衰史

起源于亚洲和非洲大陆的四大文明皆开始于公元前 3000 年左右，距今大约 5000 年。人类文明是循序渐进的过程，人类不可能短短几年就从茹毛饮血的类人猿马上就过渡到文明世界，期间一定经历过无数的变迁和演化。由于时间太久，残存的信息太少，现代人已经无法探明曾经出现在这个星球上的文明，只能通过残留的雕像、壁画、石刻，来猜测、憧憬那些令人匪夷所思的史前文明。

Part1 第一章

哈拉帕古文明之谜

印度是五大洲范围内人类文明的发祥地之一。距今大约 5000 年前，在印度河流域相继出现了一些高度发达的文明。

在印度河流域 50 万平方千米的南亚次大陆上，先后出现过许多政权和王国，除了孔雀王朝等几个影响较大的帝国外，其他都是一些小邦小国，影响范围也较小。但考古学家普遍认为，在公元前 3300 年左右，印度河流域曾出现过一个哈拉帕文明。1922 年，考古学家们在印度河流域发现了一处十分奇特的古城遗迹，经过几十年的研究，相继发现了 200 多座此类城镇遗迹，范围从伊朗边境直达德里地区，南临阿拉伯海，北到喜马拉雅山南麓，面积达 130 万平方千米，堪称"面积最大的青铜文化。"因为这一文明是以印度北部的哈拉帕为中心，史学家们称这一古文明为"哈拉帕文明"。

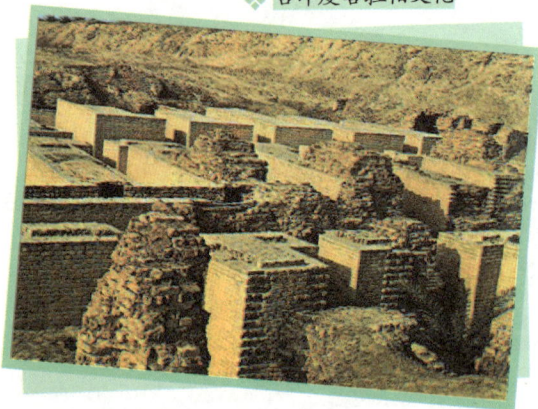

❖ 古印度哈拉帕文化

哈拉帕与南方的达罗在远古时期都是比较大的城市，市内街道整齐，布局合理，纵横交错，房屋和庙宇全是石砖建造，甚至许多建筑都是两层以上的楼房，这表明古印度人早已掌握了高超的建筑技艺。城市内有良好的排水设备，一些矮小的房子则没有排水系统。史学家们根据这一细节推断出，哈拉帕社会已经有了贫富不均现象，有了阶级对立。众所周知，阶级的产生是进入奴隶制社会的标志，这里早在 5000 多年前，就已经步入了奴隶制社会。进一步地考古发现，哈拉帕人有高度发达的农业文明，他们种植大麦、小麦等农作物，已经驯服了牛等牲畜，可以用之耕种，大大提高了生产效率。另外，遗址中还有许多石器和青铜器，这说明当时的人们已经掌握了铜的冶炼；从青铜器的精美程度可以看出，当时的工匠手艺精湛，能制作出美轮美奂的手工艺品和装饰品。遗迹还证明，哈拉帕人曾与伊朗、阿富汗、两河流域，甚至的缅甸和中国有贸易往来。哈拉帕文字是一种象形文字，大多刻在印章或石头上，可惜经过几十年的研究，人们依然无法读懂其含义。

> **知识小链接**
>
> 翻开厚厚的历史书，不难发现一个现象，人类各大文明皆与河流有关：古巴比伦文明起源于两河流域，华夏文明起源于黄河，古埃及文明发源于尼罗河，古印度文明发源于恒河和印度河。道理其实很简单，只有充足的水源才有发达的农耕文明，农业的发展提高了粮食的产量，进一步促进了人口的增长，为文明的建立和发展打下基础。

位于印度河流域的哈拉帕文明来自哪里？目前尚无定论，科学界依然为此争论不休。有人说是印度本地文明，可为何同时期的印度其他地方皆无此文明印迹，只停留在印度河流域；有人认为是外来文明，那为何印度周边也没有此类遗迹出现过，仅存在于哈拉巴和达罗地区？

❖ 哈拉帕文化

哈拉巴文明持续了十几个世纪，到公元前 18 世纪时忽然消失，其中达罗等城镇更是被彻底破坏，几百年后，哈拉巴文明消失得无影无踪，似乎从未在地球上出现过。这个曾经发达的奴隶制国家是如何毁灭的？科学界仍理不出一丝头绪，各种说法皆是考古人员的推测或假说，听上去有理，但都有站不住脚的地方。一种说法是受外族入侵，导致帝国灭亡。这一说法受到科学家们的认同，因为

❖ 古印度哈拉帕文化

所有的遗迹都表明，城市受到过严重的破坏，有许多杂乱无序的骸骨。可是当时的周边并没有比哈拉帕更为强大的国家，如何能将它灭亡？哪个民族或国家能上演"蛇吞象"？另一种说法是生态和地质说，可能是印度河的泛滥或地震摧毁了曾经繁华的城市。总之，曾经无比辉煌的哈拉帕文明像一盏照亮黑暗世界的明灯，在历史长河中陡然出现后又悄然熄灭，留给世界一个个待解的谜团。

Part1 第一章

神秘的**托素湖古文明**

庞大的托素湖"水利工程"是谁建造的？茫茫戈壁滩人迹罕至，根本不适合人生存，建造这一工程又有什么用途？千百年来无人知晓。

托素湖位于青海省德令哈市西南 60 千米处的戈壁滩上。"托素"一词在蒙语中的意思是"酥油湖"的意思。托素湖是内陆咸水湖，周围是几百千米都是戈壁滩沙漠，春夏气温较高，湖水蒸发量极大，含盐量较高；秋冬季节干燥多风，不适合动植物生长，故托素湖面积虽大，却没有鱼虾。

托素湖的旁边是连绵起伏的山包，和大多数沙漠山包一样，光秃秃的，不长一草一木。其中有一座山包，上尖下圆，高约 200 多米，远看像座金字塔。山包下有三个自然洞，其中两个已经被细细的流沙掩埋，剩下的一个高约 5 米，深 10 米，宽 3 米。山体内是沙石岩，洞内没有人工雕凿的痕迹，

❖ 托素湖

看上去就是一个自然山洞。令人惊讶的是洞内两侧几米高的地方有几根粗管状的东西，直戳山坡。挖掉厚厚的积沙，钻入两洞间，里面也有许多管状物直通向上方，从山体延伸到洞外。这么多管状物一直向托素湖延伸，直到湖畔。这些管子有粗有细，造型各异，粗者直径有 50 厘米，细者 1～2 厘米；有弯的，有直的，有锥形的；管子分布在湖边。站在高处看这些管子，好像

什么是史前文明？从世界范围来看，人类的发展并非是单向的，而是周期性的，地球上曾存在不同时期的文明，时间跨度可达几亿年。科学家们曾发现过3亿年前的脚印，20亿年前的链式反应堆，28亿年前的金属球……它们远远地超过了人类所知的文明历史，属于史前人类遗物。科学家们将这类不同时期的文明统称为史前文明。

是延伸到湖底的毛细血管，是人工特意为之。再往高处看，这些管子像一张巨大的蜘蛛网深入湖底，似乎要将湖水吸干，也像在源源不断地为托素湖注水。怎么看这些管子都像是先进的水利工程，湖边的石块像是修筑"水利工程"的废弃边角料。

可以确信：这绝非自然形成的。那么这么庞大的"水利工程"是谁建造的？这里人迹罕至，根本不适合人类生存，建造这一工程有什么目的？若是远古时人类的农业浇灌系统，可托素湖是咸水湖，湖水根本不可能用来浇灌农作物，这么多管子是往哪儿引水？何况周围根本没有任何文明印迹。引苦涩的咸水作何用途？太多的谜题，太多的不解，千百年来无数人考证过托素湖，却无一人能解释清楚。

是古人修筑的吗？答案显然不是：这里是戈壁滩，最早的人类活动是距今3000年的商朝，最早的政权是鲜卑族吐谷浑部落建立的楼兰王国，距今

❖ 托素湖

2000多年。就算吐谷浑人有高超的建筑技艺，可工程如此浩大的"水利工程"显然非他们可为，就算同时期的汉朝也没有这种能力。何况建造这么庞大的工程用来干什么？难道仅仅是出自于一种原始的宗教信仰吗？

托素湖似乎是要考验人类的智慧，接连抛出令人费解的谜团：科研人员在研究这些管子时，发现它们的确是金属化合物，还有30% ～ 50%的氧化铁，另含有7% ～ 8%的不知名的金属化合物。这一发现再次震惊世人，从铁锈化合物的年份来看，这些金属至少存在了几万年，几万年前的猿人怎么可能会冶炼金属？所有的研究表明，这些管子既非自然生成，也非古人能力可以建成，那它们是从何而来？是外星人建的？还是史前人类建的？也许随着科技的进步，更多证据的出现，未来能彻底解开托素湖史前文明之谜。

Part1 第一章

巴斯克语言之谜

一个人掌握两三种外语已是相当不易，而巴斯克人每人都会十几种语言，一个村，一条街道，甚至房前屋后，都会有自己独特的词汇和语言。

巴斯克人是指住在法国西南部临近西班牙东北边界的一群土著人，他们生活在面积约 1.7 万平方千米的土地上，现在人口约 270 万。巴斯克人和欧洲人明显不同，他们中等身材，鼻子挺拔，面孔狭长，皮肤略黑。巴斯克民族人数不多，让其享誉世界的不是他们的语言。据悉，巴斯克语言有 30 多种，西班牙官方认为有 8 种，次方言 25 种。但这并不是精确数字，因为在巴斯克地区，一个村庄，一条街，甚至相邻的两户人，都可能有不同的语言，有自己独特的语法和方言。巴斯克地区有个传说：一个妖怪潜入了巴斯克人居住的地方，几年后不得不离开，原来他只学会了"是"和"否"两个词汇。

❖ 巴斯克

在如此狭小的地区拥有如此多种的语言，这一现象让科学家、社会学家和语言学家百思不得其解，曾试图解开这一谜团，但直至今天，学术界依然没有就巴斯克语言的来历达成共识。有种说法比较受欢迎，即今天的巴斯克人是由古代北非人、伊比利亚人和西高加索人的后裔组成，他们的语言也

许来自于各自不同的语系，有阿尔泰语系、高加索语系、拉丁语系和斯拉夫语系。尽管如此，巴斯克语言归类问题依然是语言学家们争论的话题，目前只能归属于"孤立语言"。

19世纪20年代，巴斯克地区曾出土过一个颅骨，研究认为属于高加索人种，联想到巴斯克语言和高加索语言有相同之处，因此科学家推测巴斯克人极有可能是高加索后裔。但这一论断很快被推翻，1863年，法国的一位名叫布洛卡的考古学家在该地区发现了另一个颅骨，分析后得出完全不同的论点：巴斯克人是古欧洲人后裔，属于欧洲人种。两种说法都有支持各自观点的证据，但很快又有新论点出现：巴斯克人是欧洲最古老的原住民——考古学家们在这一地区的山洞里发现了两个旧石器时期的颅骨，一个是欧洲人颅骨，另一个和现代巴斯克人极为相似。这一考古发现有力地证明，早在几十万年前，这里就已经有巴斯克人活动，他们是土生土长的巴斯克土人。

虽然知道了巴斯克人种，但他们的语言依然是困扰学术界的难题。不断有人抛出新的观点，证明巴斯克语言的来历，但更多的是一种猜测，主观臆测的成分较多，科学严谨的分析较少，不足以说服世人。

巴斯克人

知识小链接

1939年，独裁者弗朗哥剥夺了巴斯克人自治权，将其纳入西班牙版图，从此西班牙人的噩梦开始了。骁勇善战、民风彪悍的巴斯克人为了获得自治，开始了长达70年的斗争。1958年，巴斯克分离主义"埃塔"成立，成为欧洲势力最大的恐怖组织，相继杀害了包括总理在内的数十名军、政要员。进入21世纪，"埃塔"成员锐减，但恐怖活动依然此起彼伏。

Part1 第一章

消失的波斯楔形文字

> 波斯位于现在的伊朗，古波斯是指公元前3世纪以前的波斯，并非后来的波斯帝国。古波斯的楔形文字是名符其实的"死文字"。

公元前522年，古波斯皇帝，著名的暴君冈比西斯死在了出征的路上。波斯内部一时群龙无首，众大臣不知该依附于谁，这时一个曾被割掉双耳、名叫高默达的僧侣跳出来，声称自己是冈比西斯的兄弟巴尔迪亚王子。原来，暴君冈比西斯为了获得王位陷害了自己的亲兄弟巴尔迪亚。高默达受到波斯贵族的支持，迅速控制了局面，稳定了政权。众大臣不知所措，纷纷投向"巴尔迪亚"王子。

❖ 波斯楔形文字

高默达轻而易举地登上大宝，但他当政的前8个月从来不召见大臣。众臣纳闷："这位新皇帝为什么从不见下臣？也从不在公共场合出现？"这时，帝国上下开始疯传，这个所谓的"巴尔迪亚"王子其实是一名蛊惑人心的妖僧。冈比西斯的一个妃子偶然发现这位新皇帝没有双耳，立刻将这一消息告诉她的父亲——帝国的老臣欧塔涅斯，他将这一事情告诉了其他波斯贵族，于是六名贵族联手发动政变，处死了高默达。

假王子死后，七位大臣们又开始商议谁来继位，众人争论不休，都不肯

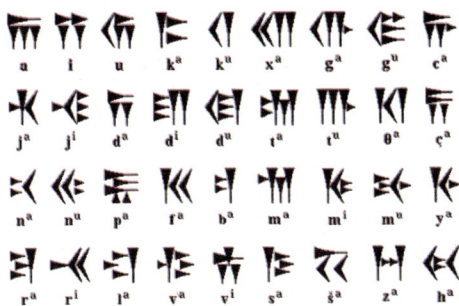

❖ 波斯楔形文字

让步。最终七人决定来一场公平的竞争：谁的马先嘶鸣谁为帝。一个名叫大流士的贵族听了马夫欧伊巴雷的建议，使自己的马儿先嘶鸣，成功夺得王位，这就是大名鼎鼎的大流士一世。

大流士继位后，日子并不好过，他要先平复国内的叛乱。一年后，大流士将各路叛军击溃，国内趋于和平。公元前520年，功成名就的大流士踌躇满志，到帝国各地巡查，以炫耀其功绩。当他巡行到一个名叫贝希斯敦的小村时，忽然诗兴大发，豪情万丈，让工匠和史官在悬崖峭壁上凿下一段铭文，以颂扬自己伟大的功绩。

❖ 波斯楔形文字

大流士在峭壁上凿下铭文的200年后，马其顿帝国崛起另一位雄主，即亚历山大大帝。他用了不到古波斯帝国十分之一的军队击溃了大流士三世，强大的古波斯帝国瞬间分崩离析。接下来的1000年里，这片土地上先后出现了马其顿帝国、罗马帝国、匈奴帝国、阿拉伯帝国等。等到新波斯帝国重新建立时，已经没有人能认识其祖先的文字。具有讽刺意味的是，渴望万古流芳的大流士将自己的卓越功勋刻在悬崖上，没想到千年后无一人认得这段铭文。

1835年，英国人罗林森奉命出任英国驻伊朗军事顾问。他是位业余考古爱好者，

知识小链接

什么是"死文字"？死文字是指使用的族群早已灭亡，由于时间太久，其后裔也无人能识别的文字。虽然残存的石刻、壁画和神庙都记载着这类文字，但后世已无人能识别，统称为"死文字"。和古波斯的楔形文字不同，中国的甲骨文被简化，逐渐演变为篆书和金文，成为现代的汉字，被继承下来。

❖ 波斯楔形文字

富有冒险精神，当听说贝希斯敦有摩崖石刻时，立刻兴奋前往。他在当地向导的指引下，找到了大流士留下的铭文。石刻离地100多米，宽5米，高8米。石刻下面是几幅浮雕，记述的是大流士剿灭高默达、平复各地叛乱、建立恢弘的皇宫等事迹。罗林森异常兴奋，从当地买来几匹绢布，小心翼翼地爬上悬崖，仔细地拓下这些楔形文字。经过12年不懈的研究，罗林森终于成功译出这些拓片的含义：

❖ 波斯楔形文字

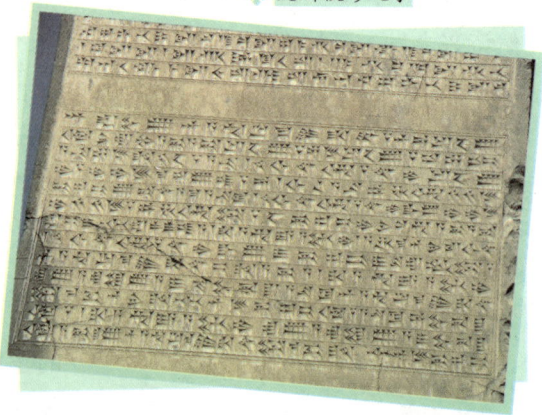

"我，大流士，伟大的王，万邦之王，波斯之王，诸省之王……"

古波斯的楔形文字曾经是那个时代最发达、最系统的文字，是古波斯人集体智慧的体现，可千年之后，居然无一人可辨认，无人能理解。古波斯帝国曾经有上千万臣民，他们去了哪里？难道他们没有留下关于楔形文字的记忆吗？后来的波斯人又为什么没有继承下来楔形文字？这一切的谜题都等待着我们去解开。

巴别通天塔之谜

> 远古时的人们不分种族，团结一致，试图建造一座可以直通天庭的高塔，上帝震怒，想方设法阻止人类这一计划。

"巴别"在希伯来语中是"变乱"的意思，而在巴比伦语中是"神之门"的意思。同一个词，在两种语言里却是截然相反的意思，这是为什么呢？

公元前 7 世纪，古巴比伦的几代国王就开始修建"巴别"通天塔，但随着战争此起彼伏，这座宝塔也不断被毁、重修。那波博来萨当上国王后，宣称要承接神的旨意，开始重修通天塔。公元前 586 年，犹太王国被巴比伦所灭，国王连同一万多臣民被掳到巴比伦，全部成为奴隶。犹太人在巴比伦的奴役下，夜以继日地修建"巴别"塔，他们一边修建，一边诅咒巴比伦人："这里将是一片沙漠，只有猫头鹰住在那里，世世代代无人居住。"

❖ 巴别通天塔

完工后的通天塔高约 90 米，塔基的边长也是 90 米。公元前 460 年，也就是通天塔建成后的 150 年后，古希腊哲学家希罗多德来到巴比伦后，对这座已经受损的高塔仍赞叹不已。他在游记中记载，巴别通天塔建在巨大的高台上，共 8 层，基座大，越往上越小，最顶端是神庙。通天塔的外沿是螺旋状的台阶，绕着台阶可直达塔顶。每个平台上都有座位，可供人休息。19 世纪末，考古学家科尔德维曾实地测量过巴别通天塔，边长为 96 米，测算出塔顶的高度为 96 米，高和底边相差无几。巴别通天塔可谓是那个时代地球上最高的建筑物，据悉在巴比伦任何一个地方都能看到此塔。古巴比伦人称之为"通天塔"，意思是"神通往天堂的必由之路"。

❖ 巴别通天塔

犹太人的《旧约》中以神话的方式记载了修建巴比伦塔的经过：人类的祖先们原来讲同一种语言，巴比伦人在两河流域找到了一片肥沃的平原，就在这里居住下来。他们聪明、勤奋，生活越来越好，于是决定修建一座可以直达天庭的高塔，这就是"巴别"塔，意思是"变乱"之塔。建筑工作很顺利，高塔很快直插云霄。上帝得知后，又惊又怒：人类居然能修建通天塔，那将来还有什么是他们做不到的呢？为了阻止人类，上帝让世间的语言陷入混乱，派生了各种语言，人们相互之间不再交流，不再信任，团结之心也不复存在，通天塔也半途而废，巴比伦被称为"冒犯上帝的王国"。

波斯王居鲁士占领巴比伦，立刻被通天塔的雄姿所折服，不仅没有将其毁掉，还要求他的属下将来按照通天塔的样子修建其陵墓。大流士的儿子，波斯王薛西斯再攻巴比伦，受到巴比伦人民的殊死顽抗。攻下巴比伦后，薛西斯大帝恼恨巴比伦人的反抗，不顾万民反对，下令将巴比伦的象征——巴别通天塔摧毁。从此，这座

❖ 巴别通天塔

世界上最高的建筑，曾经无比雄伟的通天塔变成一堆瓦砾。

170 年后，亚历山大大帝东征时，出于对这座宏伟建筑的神往，特意来到巴别塔前，无限伤感地凭吊了一番。他曾一度想修复这座建筑，更加恢宏的通天塔很有希望重获新生，但马其顿的智囊团一计算，光修建宝塔的基座就需要一万人两个月的工作量，耗巨资重修通天塔并无多大用途。此时，一只携带疟疾病毒的蚊子叮

知识小链接

最早提出"七大奇迹"的是公元前 3 世纪的昂迪帕克，他是一位旅行家，足迹行遍北非、地中海沿岸和中东，将 7 个举世闻名的建筑列为人类奇迹，它们分别是：埃及胡夫金字塔、奥利匹亚宙斯像、阿尔忒弥斯神庙、巴比伦空中花园、亚历山大灯塔、摩索拉斯基陵墓和罗德岛太阳神巨像。

了这位雄才大略的君主一口，一代天骄英年早逝，通天塔的重建计划只得被放弃。

古巴比伦人修建"巴别"通天塔的目的到底是什么，一直是史学家争论的话题。有宗教崇拜说，有帝王炫耀功绩说，也有笼络僧侣之说。2500 多年过去了，考古学家们在巴比伦遗

❖ 巴别通天塔

址挖掘出了许多宫殿、神庙，还原复制了许多巴比伦建筑物的外形，他们做这项工作的目的就是期望有朝一日能将巴别通天塔复制出来，再现这座人类建筑史上的奇观。

Part1 第一章

土耳其地下城市

德米尔正在自家的院子里挖地窖，挖了一会儿后，竟然挖到了一个深不见底的洞，村民们壮着胆子进入了这个神秘的地道。

巴杜西亚高原位于土耳其东南部，那里荒凉突兀，罕有人烟。1963年，农民德米尔的发现震惊了整个土耳其，在这片荒凉的高原下居然隐藏着一个地下城堡，更令人惊奇的是，城堡犹如迷宫，连环交错，深不可测，房屋设计得美轮美奂，建筑巧夺天工，就连最卓越的建筑师也自叹不如。

据首次发现地下城市的德米尔回忆，他正在自家的院子里挖地窖，却挖到了一个类似井口的深洞。德米尔立刻叫来邻居，帮忙看个究竟。邻居们将洞口扩大，发现里面很深，几个胆子大的村民们顺着梯子纷纷跳了进去，他们到了洞底后发现一条隧道，顺着隧道穿过八层地道来到一个规模宏大的城市面前。地下城堡的一切让村民们惊讶不已：里面简直就是一个城市，有房屋、住宅、水

◈ 土耳其地下城市

◈ 土耳其地下城市

井、水池、食物贮藏室、教堂、学校，甚至还有专门用来埋葬死者的墓穴。

村民们很快将这一发现报告给土耳其政府，官方组织的考古学家们纷纷赶来，经过一番考察研究后，专家们推测这个地下城堡至少能容纳2万多人，里面提供了一切日常生活必需品，还有医疗和教育系统。后来专家们又在卡巴杜西亚高原地区相继发现了这种地下城市36座。令人惊讶的是，这么多地下城堡之间有隧道相连。隧道像城际高速公路一样将几十座地下城连在一起，和普通城市毫无二致。

知识小链接

闪米特人也称塞姆人，名字出自于《旧约全书·创世纪》。诺亚的长子就是塞姆，相传是阿拉伯人、犹太人的祖先，生活在北非、中东等地。公元前11世纪，闪米特人曾被强大的所罗门王征服后，转而向东发展，逐渐来到中东和西亚一代。今天的中东阿拉伯人和部分西亚种族即是闪米特人后裔。

从发现地下城的第一天就有一个迷惑困扰着每一个人：地下城市的确存在过，可它是什么人建的？地下城出土的文物大多是日常用品，人们无法从上面得出太多有用的信息，也无从知道这么庞大的地下建筑是什么时候出现的，为什么这些人要生活在地下。

◆ 土耳其地下城市

经过几年的研究，一些科学家认为这些地下城市是卡巴杜西亚人建造的。因为有证据表明，古代的卡巴杜西亚人曾习惯在悬崖峭壁上借助岩洞开凿房子。原来这里是高原地区，野兽丛生，人烟稀少，人们为了躲避猛兽袭击，将房屋建在山崖间，久而久之，他们练就了开凿岩石的技巧。科学家们推测，也许卡巴杜西亚人觉得把房子建在地下比较隐蔽，更安全，逐渐从峭壁上移到地下，从而繁衍生息。一些考古人员根据地下城的宗教庙宇得出结论，认为是信奉基督教的卡巴杜西亚人修建了这些城市。

❖ 土耳其地下城市

后来受阿拉伯人的侵扰，他们躲到人烟稀少的高原地区，转到地下从事传教活动，地下城就是在这种情况下诞生的。

部分考古学家认为，土耳其地下城是闪米特人的杰作。得出这一理论的从中发现的闪米特时期的器物，另外闪米特人最害怕飞行的动物，他们为了躲避飞行的东西，转到了地下生活。这种说法只是异想天开的猜测，甚至带有科幻色彩，不足为信。

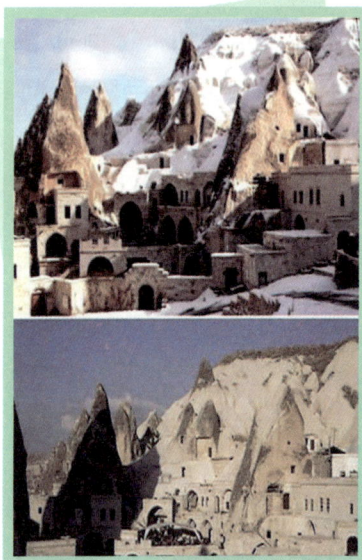

种种迹象表明，土耳其地下城堡绝不是一代人努力的结果，是几代人历经几百年的艰苦劳动创下的宝贵遗产。具体是哪些人建造，建造的目的又是什么，有待于后人继续发掘、研究。

❖ 土耳其地下城市

Part1 第一章

一个人的爱情城堡

科学家们一直认为仅凭借古埃及人的智慧和力量，不足以建造金字塔。随着研究的深入，人们越来越相信修建金字塔很可能是借助了外星人的智慧。

埃及的金字塔由 230 多万块巨石建成，每块石头的重量在 1.5～160 吨，其中顶部到处可见 150 多吨的石头。古埃及人是如何将 150 多吨的巨石运到 140 多米高的塔顶的？这是困扰所有研究金字塔的科学家们的难题。无独有偶，位于美国佛罗里达州的一个城堡同样让科学家们费解。

这座城堡位于佛罗里达州首府迈阿密，全是由重达 5 吨的巨型珊瑚礁建造而成，最重的一块更是超过 58 吨。它的建造者是一位名叫爱德华·李特斯奈克的俄罗斯裔移民，也是一名科学怪人。他耗时 20 年，独自一人建了这个珊瑚礁城堡。站在这座城堡里，仿佛置身于朦胧迷幻的仙境一般。它设计不规整，但处处显得合情合理，有大巧不工的质朴感。城堡里怪石矗立，客厅、阁楼、花园一应俱全，所有石雕千姿百态，栩栩如生，就连专业的雕塑家也自叹不如。

◆ 金字塔

爱德华·李特斯奈克为什么要建造这么一个珊瑚礁城堡呢？这里还有个

❖ 珊瑚礁城堡

伤感的爱情故事：年轻的俄罗斯青年爱德华爱上了一位拉脱维亚裔少女，他们坠入情网，到了谈婚论嫁的地步。正当爱德华准备迎娶少女时，少女却忽然毫无征兆地改变了主意，和另一位拉脱维亚裔青年相爱。突如其来的变故让爱德华伤心欲绝，举手无措，最后他离开伤心地，远走他乡来到美国。带着对恋人的无限怀念，爱德华·李特斯奈克决定耗尽一生用珊瑚礁修建一座只属于他和恋人的爱情城堡。

爱德华并不像印象中的俄罗斯男人那样魁梧雄壮，他的身高只有 1.52 米，体重 45 千克，是不折不扣的瘦小男人。他除了一些最原始、最破旧的工具外，别无他物。

在没有任何现代化机械作业情况下，爱德华经过 20 多年的不懈努力，终于修建了一个完全由珊瑚礁石建成的城堡，上面镌刻着土星、火星的标示，还有各种神秘的图腾，露天的城堡里有硕大的石桌，石桌周围是几张石凳。

> **知识小链接**
>
> 何谓"反重力"？自从一百多年前英国科幻作家威尔斯在其小说内描述了一种引力波后，立刻引起了科学家们浓厚的兴趣。反重力是指克服或屏蔽重力的一种引力波。若反重力真的存在，那么星际旅行将不再是梦想。据悉，美国的飞机制造商波音公司正在这方面探索，一旦有所收获，必将改变人类世界。

珊瑚城堡里有太多的不可思议，到处都是匪夷所思的，甚至超过人类认知的奇妙景观。令所有的参观者感到无比惊讶的是一个重达 500 千克珊瑚石做的安乐椅，只要用小手指轻轻一点，这个超重的安乐椅就会缓缓地来回摆动。总之，珊瑚城堡里每个角落，每个礁石都有吸引人的地方，同样每一个景点都堪称奇观，令人费解。

❖ 珊瑚礁城堡

珊瑚城堡的许多建筑技艺足以令当时最优秀的工程师和建筑师汗颜，诸多参观过城堡的建筑家纷纷表示，爱德华建造城堡的方法和埃及建造金字塔、英国人建造巨石阵如出一辙，他们极有可能都受到外星智慧的启发。

最令科学家们感兴趣的是爱德华留下的日记本，上面绘制了许多关于电力和磁力试验的草图，看上去和搬运巨石好像没什么关系，但在一页上，他写下了一段话："感谢上帝，我想我明白了古埃及人是如何用最原始的工具搬动几十吨的巨石，我终于揭开了金字塔建造的秘密。"显然，爱德华的日记向世人暗示了一个足以让所有人目瞪口呆的秘密：他已经掌握了传说中的反重力！科学家们断言，也只有掌握了反重力，才能凭一人之力建造如此庞大的城堡。真相真的如此吗？爱德华果真在一百年前就会使用反重力吗？珊瑚石城堡期待人们解开它的谜团。

中国人与数字

阿拉伯数字是国际通用数码，传统意义上认为是古印度人发明的，但最近有学者认为，这些数字很可能是中国人首先创造的。

新加坡数学教授林来永是国际知名的数学家，他的研究方向是古代数学，其研究成果曾多次在国际上获奖。最近，林来永教授通过 20 多年的研究，抛出了一个让世人为之侧目的观点：阿拉伯数字不是古印度人发明的，很可能是古代中国人的杰作。

现代的观点认为，世界目前普遍使用的数码脱胎于公元前 3 世纪的印度婆罗门数字。早在公元前 14 世纪，印度人就已经意识到数字在生产、生活中的重要性，逐渐创造出几套数字，但各地的写法不同。公元前 4 世纪，恒河流域的古印度人创造

❖ 二进制数字

了一套数字 1～9，每个数字都有不同的写法。又过了 700 多年之后，人们又掌握了"0"的概念。毫不夸张地说 0～9 这十个数字是古印度人对世界文明的巨大贡献。印度数字首先从恒河流域传到缅甸、斯里兰卡和柬埔寨等国。公元 7 世纪，阿拉伯帝国崛起，边界直达西印度半岛。文明相对落后的阿拉伯人面对发达的古希腊、印度和罗马文明，立刻意识到自身的不足，开始如饥似渴地吸收发达文明。正是在这个时期，印度数字流入阿拉伯帝国，并随

着帝国庞大的军队被带到希腊和欧洲，11世纪，简单易学的印度数字取代了笨拙的古罗马数字，进而扩散到整个世界。14世纪，中国的活字印刷术传到欧洲，加速了阿拉伯数字在欧洲的传播。

林来永教授对此持反对意见，他在阅读过大量的中国古典史籍后认为，在公元前5世纪的春秋时期，中国的小商贩就使用一种竹签排列的方式来代表0~9，这一计数方法比西方早了1000多年，一直

持续到元朝。16世纪末，算盘的出现逐渐淘汰了烦琐的竹签计数。令人惋惜的是，中国这一古老的计数法并没有史籍记载下来。

丝绸之路的开通将中国的计数方法传播到阿拉伯，甚至远达欧洲。中国最早的数学专著《九章算术》成书于公元前7世纪，是世界上最先进的应用数学，领先阿拉伯数学1500多年。林来永教授认为，中国人发明了数字之后，还为数字的

❖ 数字

诞生牵强附会了一个神话般的起源：大禹治水时，大禹见有一神龟浮于洛水，龟背上刻有神奇的图案和符号。大禹得到神龟的启示后，获得了治水之策，成功治理了水患，最终继承舜的帝位。神龟背上的刻书

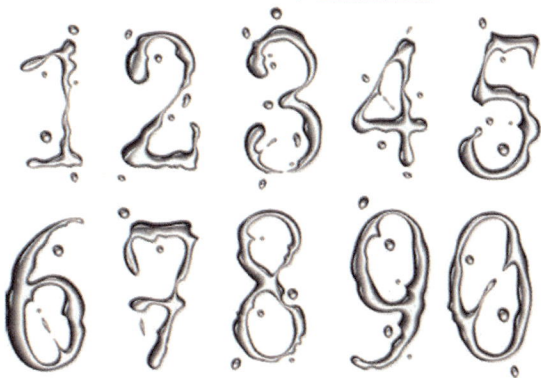

❖ 阿拉伯数字

❖ 阿拉伯数字

被称为《洛书》，实际上它并非神话传说中乌龟带到人间的神物，而是古代劳动人民在长期劳动实践中运用简单的辩证方式，创造的数学思维。《洛书》是世界公认的最早的关于组合数学的史料。数学家们逐渐相信《洛书》中蕴含了很深的幻方数学理念，它的应用范围极广，不仅只局限于组合数学，还涉及图论、程序设计、人工智能、工艺美术等诸多领域。1977 年，它还被带入太空，作为人类和外星人沟通的语言。

基于以上证据，林来永教授坚信：中国才是数字计数和幻方问题的鼻祖。当他的论文一经推出，立刻引来学术界的高度重视。

Part1 第一章

神秘的月球背面图

玛雅人的壁画不知存在了多少年，人们一直不明白其中一个圆形壁画表现的是什么图形，直到1959年苏联人第一次获得了月球背面图，才揭开它的神秘面纱。

1962年，我国考古学家在新疆地区一处荒凉的戈壁滩上发现了一批远古岩画。从画的内容来看，作者的族群一定是崇拜月亮的古人类，因为所有的壁画都和月亮有关。其中有一幅壁画是表现满月的，只见月面的下方用很细小的笔画勾勒出7条纹线，像极了地球的

❖ 月球背面图

知识小链接

考古学家认为神秘而古老的玛雅文明属于石器文明，他们不会使用青铜器，更不会使用铁器；他们拥有高超的建筑技术，虽然不会使用铁器，也不会使用轮子，但他们却创造了非凡的城市建筑；玛雅人掌握了丰富的数学知识，拥有深厚的历法和天文学知识。现在仍有200多万玛雅人后裔，但他们没有继承玛雅象形文字、历法、天文和数学知识。

经纬线。让所有人迷惑不解的是，几万年前的古人茹毛饮血，最先进的工具可能是磨制的石器，他们怎么可能知道经纬线的概念？更令人惊叹的是，条纹画得极为精准，丝毫不亚于用现代测量工具画出的线条，画的作者是如何做到的？若不是远古

人类所画，那真正的作者又是什么人？

类似的困惑还有很多，比如在地球的另一端，广袤的南美大陆，世代居住于此的玛雅人也给世人留下了许多迷惑。玛雅人两千多年来几乎一直过着与世隔绝的生活，直到 16 世纪中期野蛮的西班牙和葡萄牙殖民者的到来。在长达 300 多年的殖民时期，玛雅人、印第安人几乎被屠杀殆尽。进入 20 世纪，除了残存的神庙，这个大陆什么也没剩下。西方的传教士发现一个现象：在古印加神庙的显赫位置经常刻有直径 60 厘米的圆圈，上面的图像同样让人费解，人们猜不透画作表达的意思。1959 年，苏联发射了第一颗月球探测卫星，首次向世人展示了月球的另一面，这时细心的人们惊讶地发现，玛雅人的圆形石刻所表现的正是月球的另一面！

这太不可思议了，要知道月球绕着地球转，地球上的人们只能看到月球的一面，几亿年如此，将来还是如此。古玛雅人是如何知道月球背后的图形的？他们是如何拥有这种神秘的智慧的？今天的玛雅人是否继承了祖先的本领，依然有超乎想象的智慧？

❖ 月球背面图

Part1 第一章

纳玛托岛石柱建筑

纳玛托岛本身没有这些玄武岩石柱，所有的石柱都来自于相邻的波纳佩岛，而这两个岛之间又隔着 6 千米宽的海峡。

南太平洋的密克罗尼西亚群岛是由 500 多个大小不一的岛屿组成，这些小岛像洒在太平洋上的珍珠，个个风景秀丽，风光旖旎。波纳佩岛是群岛中面积最大的岛屿，它的周围散落着几个无名小岛。千百年来，这里是被世界忘却的角落，从来没有人到来过。

1595 年，一艘葡萄牙帆船驶离巴拿马，向西航行，去继续寻找新的殖民地。海军佩德罗登上了波纳佩岛，发现这里无人居住后，装满淡水便准备继续西行。这时，负责瞭望的船员看见距离大岛 6 千米的小岛上有建筑，似乎有人住，佩德罗立刻命令帆船驶向小岛。

在这个不知名的小岛上，佩德罗惊讶地发现，这里一个人也没有，却有一个庞大的石柱建筑。数不清的石柱整齐地堆放在一起，垒砌成一座 10 米高的人工山。佩德罗率众在小岛上搜了个遍，没有发现任何人生活过的痕迹，也没有动物或人的遗骸。

佩德罗带着许多谜

❖ 密克罗尼西亚群岛

团离开了此岛，临走时为这个无名岛命名为纳玛托岛。

300多年后，陆续有人登上这个小岛，所有探访者都是冲着岛上的石柱建筑而来。许多人考察过该岛后认为，这是一处远古人类的建筑废墟，这些石柱是玄武岩石头加工而成，每根重达几吨，最重者超过10吨。经过粗略计算，这些石柱超过40万根，总重250万吨。从残存的石柱可以看出，这是一个尚未完工的宏伟建筑，但不知是什么原因让这些建设者半途而废。

最令人费解的是这些石头是如何来到岛上的，因为纳玛托岛本身不产这类玄武石，它们是从邻近的波纳佩岛上运过来的。可从密克罗尼西亚人的历史来看，他们的祖先从未建造过运载超过1吨的木船，更别说运送超过10吨的巨石了。退一步说，就算远古人的确有能力制造超过5吨的船，那么40万根的石柱至少需要200多年才能从波纳佩岛运到纳玛托岛。波纳佩土著人的记忆里也没有关于石柱建筑的任何信息，仅有的也是关于宗教的神话传说。南太平洋土著人以懒散、自足而著称，他们下河捕鱼，上岸种稻，生活散漫，但求温饱，不求富贵，让这些人修建如此浩大的工程，其难度是不可想象的。若没有强烈的宗教信仰，是不可能有这种坚强的意志的。

是什么人修筑了这些奇怪的建筑？修建此建筑的目的是什么？修建者是怎样克服海峡阻隔的？又为何半途而废？这一系列的谜团困扰着现代人，科学家们也一筹莫展，莫辨其实。

Part1 第一章

被诅咒的**遗迹**

在复活节岛的西侧，波纳佩岛的东南侧，有一个名叫泰蒙的小岛，当地人称它为"墓岛"，为什么会有这样的名字呢？

原来在泰蒙岛的海滩上耸立着 89 座雄伟的建筑物，相传是远古时期当地部落酋长的坟墓。建筑物之间有环水相隔，每一个建筑都像是一个小礁岛，当地人就称之为"墓岛"。世界各地有太多的巨石建筑，海岛上出现巨石建筑也不足为奇。可是这些建筑全是用大型的玄武石建成，而泰蒙岛上根本就没有这类石头，它们是从相邻的波纳佩岛上运过来的。

泰蒙岛和复活节岛一样，都属于太平洋群岛，但泰蒙岛却不像复活节岛那么有名。两者的相似之处是，岛上都有巨型玄武石建筑，而且岛本身不产这种石头。几乎可以断定，如果能解开泰蒙岛巨石建筑之谜，也就能解开复活节岛巨石阵之谜。在密克罗尼西亚地区，从来没有关于泰蒙岛的只言片语。对于那些建筑的来历，当地人只告诉外界那是历代酋长的坟墓。原来，当地没有一丁点的文字记载，所有的信息都是靠部落酋长口头相传，具体酋长们

❖ 被诅咒的南马特尔遗迹

谈的是什么内容，只有老酋长和继承人才知道，外人无从得知。另外，部落里有个让人惊惧的传说：酋长绝对不能向外界透露关于墓岛的秘密，否则灾难将降临到他头上。岛上居民反复向每一位到访的游客讲明白，不要以为这是吓唬外人，因为因泄密而惨遭不幸的人数不胜数。

1907 年，德国曾占领过波纳佩岛，第二任总督名叫伯格，他对南马特尔遗迹很感兴趣，尤其是墓岛上那些巨型建筑和坟墓下埋藏的列位酋长。他相信通过挖掘墓岛上的坟墓，就一定能破解巨石建筑之谜，从而以此扬名欧洲考古界。伯格绞尽脑汁，软硬兼施，终于从一位酋长口里打听到了关于墓岛坟墓的相关信息，并下令开挖一个建筑。第二天，令人恐怖的诅咒应验了，伯格忽然暴毙身亡，死因不明。第二次世界大战时，日军占领南太平洋诸岛，一位名叫杉浦健一的考古学者来到波纳佩岛，立志要揭开巨石建筑之谜。杉浦健一表面是一名学者，实际是一个狂热的法西斯分子。部落酋长受不过日本宪兵的酷刑，交代了墓岛秘密。正当杉浦健一兴冲冲地整理坟墓笔记时，忽然暴毙，而那位泄露墓岛秘密的酋长被一个晴天炸雷当场劈死。事情还没结束，杉浦健一的学生准备将老师的笔记整理出版时，也莫名其妙地死去，所有的死亡事件都向人们证明了一件事，古酋长的坟墓神圣不可侵犯。

学者们就泰蒙岛建筑群做过细致地分析，他们认为，整个建筑至少用了超过 100 万根玄武石柱，所有石柱皆来自于北方的波纳佩岛。历史上这个岛上人口最多时有 2000 多人，就算所有人都参与到采石、运石、建筑等工作，一年干 365 天，至少也要 1550 年。而这些建筑大约建于 800 年前，不可能是当地人完成的。因此，学者们猜测，这项浩大的工程绝非人力可以完成，一定存在人类目前尚无探知的某种神秘力量建造了泰蒙岛玄武石建筑群。

Part1 第一章

荷马与《荷马史诗》

荷马是古希腊盲诗人，他曾创作了两篇长篇史诗巨著《伊利亚特》和《奥德赛》，现代学者认为，荷马很可能是一个说唱诗人群组。

世人普遍认为荷马大约生于公元前 9 世纪～公元前 8 世纪，是一个靠弹奏弦琴四处宣讲故事的盲者。他是一位想象丰富、功底深厚、善于创新的语言大师。后人根据他讲述的故事汇编了《伊利亚特》和《奥德赛》，使之成为影响深远的《荷马史诗》。

《荷马史诗》长约 28,000 行，以早期的希腊和四周的汪洋大海为故事背景，热情讴歌了古代英雄和惨烈的战争，是一部悲剧叙事体长诗，是最早的

❖ 荷马

欧洲古典名著。历史上一直认为是盲诗人荷马创作了这两篇巨著，但从 18 世纪起，陆续有学者认为《荷马史诗》实际是许多民间说唱歌手的集体智慧，最后由荷马收集整理而成。18 世纪，德国著名诗人歌德认为，《荷马史诗》时代背景是古希腊氏族社会向奴隶社会过渡的一段时期，涵盖

知识小链接

《荷马史诗》是一部歌唱帝王和诸神的英雄史诗。同样，流传于中国西藏地区的《格萨尔王》也是一部伟大的史诗巨作。它历史悠久、内容丰富、气势磅礴、结构宏伟，代表了古代西藏文化的最高成就，是一部研究古代西藏社会的百科全书，是世界上唯一的"活史诗"，被誉为"亚洲的荷马史诗"。

了古希腊风俗史、社会史，是人类童年时期的艺术杰作，但在思想上、艺术上受时代局限，难免有旧时神话与宗教色彩。歌德还指出，荷马本人只是一个说唱艺术的集大成者，他说唱多年，能流利地讲述伊利亚特战争和特洛伊之战，从而将这一故事以说唱的形式继续传唱下去。

古希腊语中，"荷马"一词本身就是"群组"的意思，也许这一细节向人们暗示了荷马其实就是一群说唱艺人，并非特指某一个人。有学者从

❖ 荷马

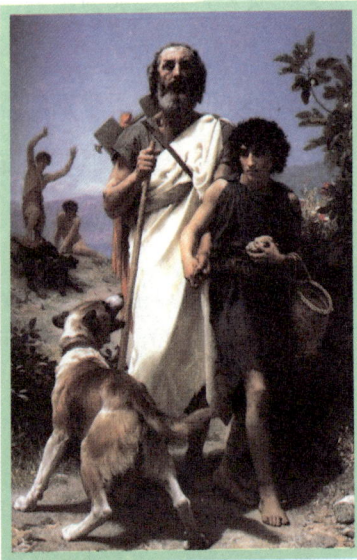

❖ 荷马

两部作品本身入手，认为《伊利亚特》和《奥德赛》两个故事并非同一时代，两者相差几百年，由此推断，《荷马史诗》是说唱艺人们历时几百年的合力制作。现在的希腊人坚信荷马就是一位天才的盲诗人，他用非凡的创作影响了世界，今天的人们不应该怀疑大师的真实性。总之，关于荷马和《荷马史诗》的争论依然在持续，但不论结果如何，都不会影响到《荷马史诗》在世界文学史上的地位。

Part1 第一章

微型甲骨与红崖天书

远古的人们为我们留下了太多的文化遗迹和不解之谜，那些很难辨认的字到底向世人诉说着一段怎样的历史，隐藏着什么秘密呢？

以肯定的是，人类会使用文字的历史绝非仅仅 5000 年，在楔形文字、象形文字之前，也一定存在过其他各种文字，只是年代太久远，使用的族群早已消失在历史尘埃，部分文字成了无人能解的死文字。

我国考古工作者在陕西省岐山县发现过一批珍贵的甲骨文，共计 293 片。与殷商甲骨文不同的是，岐山甲骨文字体更小，小如米粒，细如芝麻。年轻的考古工作者必须借助放大镜才能看到上面规整的字迹。甲骨也不像殷商甲骨那么大，只有 3～40 平方厘米，其中最小的一块甲骨只有 2.7 平方厘米，上面却刻了 30 个甲骨文字，比现代的铅笔字还要小很

❖ 微型甲骨

多，堪称是微缩版的甲骨。让人惊奇的不仅是字体小，而是在这么小的地方，这么坚硬的甲骨上刻下的字却遒劲有力，极为工整。研究者对这些字迹赞叹不已，认为只有现代的机床技术才能制作出如此精细的雕刻，我们很难想象远古时期的人们是如何做到的。甲骨上的文字不同于殷商时期的甲骨文，学者们无法辨认，也无法推断出是什么人制作的。

同类的谜团还有很多，比如贵州省安顺县的红崖天书。天书刻于离地面100米高的悬崖峭壁上，书体既非篆书也非金、隶、楷，但却排列得错落有致。千百年来，无数文人雅客、名家大儒参观过石刻后都不了解这19个字的含义。随着岁月的风蚀，加上后人的拓印，红崖天书仅剩几个字，还残缺不全，更无人可识。

数百年来，红崖天书被视为贵州省的不解之谜，虽然屡有人宣称破解了石刻含义，但往往经不住推敲，难以自圆其说，时至今日仍没有一个无懈可击的解释。贵州省为了吸引更多的破解爱好者，特悬赏100万元，面向世界征集破解，但几年来从未有人真正破解过。

红崖天书处于峭壁之上，周围没有任何雕凿的痕迹，似乎浑然天成。石刻存在的时间已不可考，历代地方县志也没有关于红崖石刻的记载。难道那些字真的是自然生成的？可横竖笔画明显是中国文字的特征，而且19个字的分布也是按中国文字的书写方式排列，绝非天然生成。梁启超之子，著名的考古学家梁思永先生研究后认为，红崖天书是殷商帝王伐鬼用的"功德碑"，一来用以歌功颂德，二来用以镇压此地的小鬼们，属于一种祭祀，有强烈的原始宗教色彩。若是殷商文字，那为何和同时期的甲骨文完全不同？对此，梁先生也不能自圆其说。也许这19个字会永远成为不解之谜，连同它背后的故事永远屹立在悬崖峭壁上，继续傲视苍生。

❖ 红崖天书

Part1 第一章

《周易》玄妙知多少

《周易》看似简单，却蕴含着朴素的辩证法和深刻的理论思想，它已经融入到中华民族的血脉中。正是这样一部"万经之首"，它的作者是谁却是个谜。

《周易》是一部论述变法的奇书，它的变法规则用形象和图形表达出来。这些图形可不是凭空想象的，而是基于对万物变化和日月更替的认识中总结出来的。作者仰观天象，俯看地法，近观身边之物，远看四方景象，对各种事物的变化法则做出系统而精妙的总结，然后用简易图形的方式把它画出来，以表达深刻的道理。

"周"，表示万物周而复始，是运动式前进的，每天每时每刻都在发生微妙的变化；"易"，是两层含义，一种是指"变化的法则"，是指最普通、最基本的变化规律，世间万物都是按照一定的规律发生着变化，它们有各自的变化规律，但万变不离其宗，任何事物都遵守着一定的法则。另一种含义是指复杂的理论体系其实很简单，即"易"。

❖ 周易

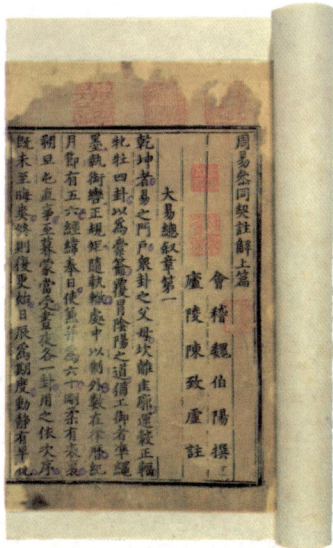

近3000年来，人们一直认为是"文王拘而演"周易，是周文王姬昌在羑里城所做。只要懂得中国历史的人就明白一个道理，中国的文人们喜欢将某些功绩挂在贤人、圣人身上，以突出圣贤上应天道、下顺民意，万事讲究名正

言顺。阴阳太极图早在商初就已形成，到周文王时已经存在了600多年，所以文王演易不足为信，更多是后人的想当然。如果周文王研究过《周易》，那也是在阴阳太极图的基础上，推演出了64像，并为每一像做了批注。到春秋时，孔子和他的弟子们写了《易传》十篇，以此来重续周文化。

对于《周易》的出处，《汉书》中记载到："《易》道深，人更三圣，世历三古"。这一说法被汉代以及后来的儒生们接受。这句话含义是：《周易》道理极深，由三个圣人（伏羲、周文王、孔子）共同创立，经历了三个时代（远古、商周、秦汉）。这种说法较为可信，基本可以认为《周易》是历代劳动人民的智慧结晶，并非哪个圣贤独自完成这一理论体系。也正应了那句话：唯有人民才是历史真正的创造者和推动者！

❖《周易》

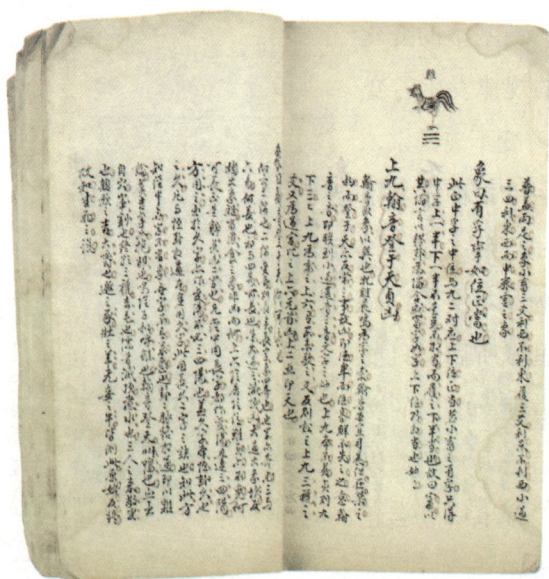
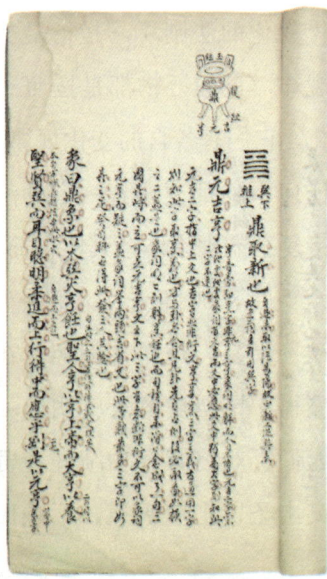

第二章
人体奇异现象

人类现在的各部分器官是千万年进化后的结果。我们每个人非常熟悉各器官的功能，但你真的了解再平常不过的人体吗？人类的祖先有过尾巴吗？记忆是如何产生的？真的存在第六感应吗？人类有过第三只眼吗？人的潜能到底有多大？特异功能是怎么回事？神经元是怎么回事……本章，我们将带领读者们进入奇妙的人体秘境，认知未知的世界，感悟生命的奥妙。

Part2 第二章

奇妙的**性别**之分

人体的细胞内含有 23 对共 46 条染色体，其中有一对染色体十分特别，人类正是靠着这两个染色体来繁衍生息的。

当生物技术尚未达到一定程度时，我们的祖先们曾对性别差异充满好奇和不解，世界上为什么会有男女之分，又是什么神秘的力量在决定着生男生女。无论是西方宗教的上帝造人说，还是中国的女娲捏人说，没有一种说法能比较科学地讲明人类诞生经过。到了近代，英国科学家达尔文经过多年研究后提出了进化说，才系统地解释了人类的起源。

现代的人类知道了生物遗传学，明白了控制人类性别和生理特征的是一种名叫遗传基因的东西，它存在于微观世界，人的眼睛是看不见的。遗传基因学认为，基因是一种控制生物遗传的物质基础，是所有具有遗传信息序列的总称。生物正是靠这些基因序列，将上一代的所有生物信息传给下一代。

人体有 23 对共 46 条染色体，同样是灵长目的大猩猩有 24 对染色体。人类的 23 对染色体中有一对十分特别，人类正是靠着这一对染色体来区别性别，并以此繁衍生息。男性的第 23 对染色体是 XY 组合，而女性的第 23 对染色体是 XX 组合。当男性精子 X 染色体和卵子结合，受精卵即为 XX 染色体，胎儿为女性；当男性精子的 Y 染色体和卵子结合，受精卵即为 XY 染色体，胎儿为男性。人的性别其实在受精卵时就已经决定了，受精卵是精子

◆ 性别

和乱子结合在一起生成的胚胎。举个通俗的例子，好比男人的双脚各穿一只鞋，左脚是布鞋，右脚是皮鞋；而女性两只脚全是布鞋。当男人的任意一只脚和女性的一只脚组合在一起时，如果皮鞋加布鞋，那么胎儿为男性，如果是布鞋加布鞋，则胎儿是女性。男女概率各为 50%，相差无几。可以认为，胎儿的性别完全是由父亲决定的。

日本曾经做过一次调查，在 1000 个婴儿中，男性为 51.7%，女性为 48.3%。这一统计结果其实正好符合男女各占 50% 的概率；那为什么会出现如此细微的差别呢？研究人员分析后认为，Y 染色体比 X 染色体略微轻一些，那么在冲向卵子时自然占得先机，速度较快，更容易与卵子结合，正是这细微的差别造成男婴往往比女婴多一点点。

知识小链接

达尔文是英国博物学家，现代生物学和进化论的奠基人。他为了研究生物的多样性获得第一手资料，曾乘着"贝格尔"号军舰作了为期 5 年的环球航行。他对世界各地的地质结构和动植物进行了大量的研究和观察，最后出版了《物种起源》，提出了生物进化论。恩格斯曾称赞达尔文的进化论为"19 世纪人类三大发现之一"。

◆ 性别

按照达尔文的理论，世上没有完全相同的人，那是因为遗传基因自然选择的结果。对此，日本著名学者木村资生并不赞同，他经过多年的观察后认为，生物的进化是由遗传分子内部的变异导致的，并非自然选择的结果。这种变异被学术界称为中性突变，正是由于生物体内的遗传基因不断发生"中性突变"，导致细胞分子不断进化，从而实现人与人的相貌差异。

记忆从哪里来

人类发展到今天，医学、生物学已经相当发达，但对人体一些再平常不过的功能却仍说不清楚，比如记忆从哪里来？能否复制记忆？

记忆是过去经验在大脑中的反映，是信息储存中心，相当于计算机的硬盘。不仅人有记忆，动物们也有记忆，甚至部分植物也有记忆本领。按照认知的时间长短可以分为长期记忆、短时记忆和瞬时记忆。长期记忆即长时记忆，大脑受到刺激后能保持一分钟以上记忆；短时记忆是大脑受刺激后，留在大脑中的印象低于一分钟的记忆；瞬时记忆也称为感觉记忆，保留在大脑中时间不会超过 30 秒。比如一个电话号码，看过一遍后，大脑就能记住，但若不再复读几遍，很快就忘了。

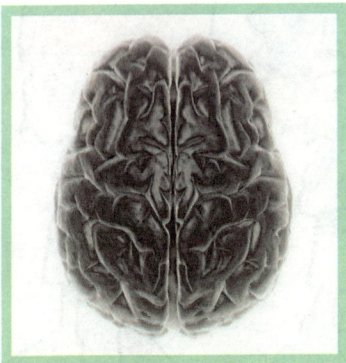

记忆按照内容可以分为五类，分别为形象记忆、情景记忆、情绪记忆、语义记忆和动作记忆，按记忆方式可分为有意记忆和无意记忆。人是高智商动物，但不代表人类的记忆多么发达，在某些方面，人的记忆不如动物，这是生物几千万年进化的结果，并非后天养成。比如狗，它的大脑专注于嗅觉，可以记住超过 20 万种不同的气味，能准确地推断气味的不同含量或浓度，还能从脑海中搜索到关于此类气味曾经出现过的地点、环境。动物的记忆潜力是十分惊人的，比如动物园里的大象，它能记住几十年来每一位游客的样子，只要被它看到，哪怕短短的一秒钟，它能终身不忘；还有一些候鸟，在飞的过程中，能记住万里路程两旁的任何景物，从而帮助它们轻松找到昔日的巢穴。人类的记忆能力同样也不容小觑，明朝时期，来到中国传播天主教的利玛窦记忆力十分惊人，能瞬时记住200多个排列无序的汉字，而且几年后依然能清晰回忆起序列；电影《雨人》中的哥哥能记住任何事情，厚厚的一本电话簿能在一夜之间全部记住；更令人惊奇的是，一些自闭症患者站在高处只要看一眼这个陌生的城市，就能准确地画出城市的每一个建筑，甚至建筑物上每一片瓷砖，每一个广告牌，每一个路灯等，其精准程度就像广角镜拍下的照片。

听上去是不是非常不可思议？但这的确是人类的记忆本领！记忆是如何生成的？从古希腊时代就有哲学家思考这个问题，但从未有令人信服的研究或学说。现代科学认为，人的记忆是神经和大脑联合工作的结果，视觉、听觉和触觉刺激了神经元里的化学信号，这种信号启动了一种神经蛋白。这种蛋白通过神经系统进入大脑，激活大脑细胞，从而留下记忆，诞生瞬时记忆。若不断地刺激，反复重复这一过程，蛋白即会被存入大脑细胞的核心位置，形成长期记忆。以上学说只是科学家们根据有限的认知得出的结论，更多的是猜测，并没有充足的证据来支持此观点。科学发展到今天，人类对自己的大脑和记忆所知不深，但科学家们从来没有停止过探索的脚步，相信未来终会解开记忆之谜。

知识小链接

中国的古医学一直认为，人的记忆和思维皆来自于心脏，所以涉及情绪的词汇时都加了"忄""心"。直到明朝时，著名的医学家李时珍经过研究认为，人的思维和记忆皆来自于大脑。这一观点在因循守旧的封建时期的中国可谓石破惊天，毫无疑问地被列入异类、妖言之说。

特异功能的奥秘

特异功能涵盖面很广，它是人类潜在能力的一种表现，现有的科学难以给予完善、合理、系统的解释。拥有特异功能的人虽然很少，但他们的确存在。

我们身上每一个器官都有其独特的作用，眼睛能看，鼻子能闻，耳朵只能听，嘴巴能进食、发声。但眼睛能透视，心灵能预感某事发生，身上带磁力等这种极为罕见的能力又怎么解释？科学界无法对这些超乎寻常的能力做出合理解释，只能称之为"特异功能"。

特异功能可以分为两种类型，一种是人体通过意念操控外界物体，或转移，或变形；一种是具有超越五官感知能力的"第六感"，具有透视力、心电感应和预知未来的能力。早在18世纪，欧洲的基督传教士和一些吉普赛人就拥有特异功能，但这些能力常被认为是一种魔术，并非真正的特异功能。有些传教士或神甫声称能让生者和死去的亲友对话，能让灵魂现身，为此他们还举出许多听上去很神奇的实例。神奇的传说，不可思议的事迹，加上对宗教深信不疑的虔诚，让很多社会底层的人们逐渐相信真的存在灵异和超感知能力。为了解开人们的困惑，为了验证欧洲很多国家出

现的灵异人士和各种神奇的特异功能，1888 年，英国剑桥大学的几位物理学和心理学教授联合成立了一个"灵力研究协会"，由著名的心理学教授西斯维克担任会长，对人类的某些意念力、超感官知觉和灵动转世等现象进行了一系列的研究和试验，试图以科学的名义解开超能力之谜，重新定义特异功能。

科学家们成立"灵力研究会协会"的初衷很简单，就是想验证人类是否真的具有超能力或特异功能，终止不断被夸大或讹传的灵异现象，把这些纳入科学的范畴，作为一门全新的学科来重新认识，以达正本清源的目的。进入 20 世纪，欧美许多大学相继成立了关于超能力的教学和科研，人们称之为"超心理学系"，即 parapsychology，在心理学前面加了前缀 para。所有的超常能力统称赛（psi）现象，psi 是希腊字母 Ψ 的发音，是未知的意思，和英语中 X 对应（如未来战机 X-37B、X 档案等）。

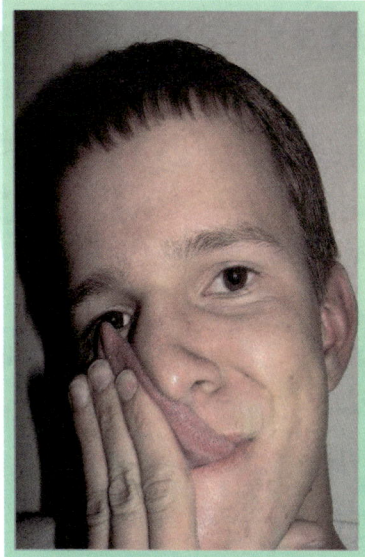

经过半个世纪的研究，科学家们基本确定了"赛"现象的存在，并发展了许多理论来解释、证明这一现象。既然我们称之为"超能力"或"特异功能"，它们本身就一定有超越人类认知范围的能力，可人们总是试图以有限的认知去解释未知的现象，自然无法取得理想的效果。

中国在人体特异功能研究领域始于 20 世纪 70 年代末，当时刚打倒"四人帮"，政治气氛相对宽松，在科研领域可以冲破禁忌，对一些超能力现象进行研究、论证。一时间，中国大地冒出了许多宣称具有超能

知识小链接

20 世纪 80 年代，一位名叫张宝胜的特异功能大师在华夏大地声名鹊起，上到中央领导，下到普通百姓，无不叹服于他的各种特异功能。国内外有上千名人接触过张宝胜，其中包括著名影星李连杰、香港首富李嘉诚、台湾影星林青霞等，这些人亲眼目睹了张宝胜的各种特异功能，并对之深信不疑。

力、特异功能的大师。这些人良莠不齐，有气功大师，有天赋秉异的神通、有后天练就的"神人"，也有借灵异之名，实则是魔术技巧的招摇撞骗者。进入 21 世纪，司马南、何祚庥等一批知识分子相继撰文披露所谓的特异功能，掀起了"反伪科学"的浪潮，称所有的灵异和意念能力都是"伪科学"，不可信。

可以确信的是，现在的确有一些人有特异功能，科学研究也证明了此类人确实存在。这些研究成果是对现代科学体系的严峻挑战，人类必须对这一现象进行解释。否则，我们目前对世界的认知就是错误的，所有的物理理论体系将被彻底瓦解，亟须重建。

■ Part2 第二章

人体生物电

电及电的利用早已被人们熟悉掌握。电无处不在，最简单的莫过于用毛皮擦金属棒，金属棒即可产生电荷。可你知道么，我们人体也有一种电，即人体生物电。

现代化的家庭到处都需要电，电灯、电视、电扇、电动机等，样样都离不开电。人们常常幻想，要是人体也能用电驱动该多好！其实，我们人体还真有电的产生，而且每天都在不断地变化。人体是由许多细胞组成的，细胞是生物机体的最基本单位，每个机体的功能也是由组成细胞联合实现的。从电学的角度看，细胞本身就是一个最基本的生物电携带体，几乎是一个微型发电机。一个活细胞不管是安静状态还是兴奋状态，都在源源不断地释放电荷，同时产生电荷，科学家们把这种现象叫作"生物电现象"。细胞受刺激时能产生电势，电势在神经元和肌肉细胞表现最明显。

马克思说过："世界上任何一种事物的变化无不伴随着电现象的产生，大到宇宙天体，小到生物细胞。"人体是一

❖ 人体生物

个极为复杂精密的自动控制、自动调节系统，每一种器官都会产生电现象，并通过活跃的神经细胞（神经元）将各器官的相关信息传输到人的大脑中枢，

人类一直在寻找一种方法，可以为失去肢体的人们安上义肢。义肢可以自由地听从大脑的指挥，就像是人体的一部分。现在，这一技术已经有所突破，科学家们初步掌握了利用生物电和微电子技术，辅以人工智能，三者合一，为残疾人制造"听话"的假肢。相信随着科技的进步，人类终有一天会解开大脑的秘密。

大脑通过分析神经元带回的信息，将指令反馈到身体各个器官，这些指令就是神经冲动信号。大脑正是靠人体内的生物电快速而准确地控制着所有的器官正常运转。

生物学家认为，人体的每个细胞都像一台发电机。细胞外膜是正电荷，内膜是负电荷，细胞中的纳、钾离子正是生物电产生的基础。但生物电电流很微弱、电压很低，低到只有精密的仪器才能捕捉得到，正因为如此，直到 18 世纪末，意大利科学家伽伐尼才观察到了生物电。他首先提出人体内任何一种细微的变化都可能与生物电有关。心脏的跳动、外界的刺激、眼睛的睁闭、肌肉收缩、大脑思维、情绪波动等，所有人的活动都和生物电有密切相关。

现在，人们已经知道大脑也能产生电流，这就为科学家发明脑电图创造了条件。未来，医生们把一种记录脑电波的仪器放在患者头上，通过仪器可以获得大脑产生的极微弱的电流，并通过显示屏显示出来，从而判断患者大脑是否得病，以及怎样修补。

和现代计算机一样，越是精密部位，用电量越小，同样，大脑是人体最精细、最精密的部位，它产生的电流比身体其他部位更微弱，科学家需要将脑电放大百万倍后才能捕捉到脑组织信息，如颅内是否有病变，是否有脑瘤，是否有可能发生癫痫，甚至可以修复损坏的脑细胞。科学家们坚信，随着微电子技术和生物电技术的发展，在未来某一天，人类将会轻易治疗各种精神疾病。美国威斯康辛州的哈克教授甚至相信：当给死者的大脑输入一定的生物电，将会激活死亡的大脑，能从中提取信息。这是多么令人惊叹的科技啊！一切看似不可能，但又符合生物学规律，以上科技并非不可能。

第三只眼睛之谜

人们常用马王爷来形容一个人十分特别，那是因为这位传说中的马神有三只眼睛。真的有长三只眼睛的人吗？

无论是传说中的马王爷还是《西游记》中的二郎神，他们都是神话中的人物，人们把他们描述成三只眼睛是为了突出神灵所拥有的法力，并非真的有人长着三只眼。自然世界中，基本上所有长眼睛的动物都是两只眼睛，从未见过超过两只眼睛的生物。这是因为两只眼睛已经能确定景象的远近，在脑海中生成二维图像，若有了第三只眼，反而出现重叠影子，并不符合达尔文进化论。

考古学真是好东西，可以通过残存的遗迹看到远古时期的人们。著名的古生物学家奥尔维茨在观察穿山甲的头骨时，无意间发现了一个惊天秘密：在穿山甲两眼的上方有一小孔，居两眼正中央，和左右两眼成品字形。奥尔维茨十分好奇，起初以为这是时间太久，穿山甲头骨破碎留下的小孔。但细心的科学家立刻推翻了先入为主的观点，他根据小孔的边沿形状推断，这是穿山甲本身固有的，并非后天碎裂。经反复研究，奥尔维茨最终认定小孔是退化的眼眶。科学家的发现立刻轰动了生物学界，吸引更多的生物学家投入到该研究领域。

❖ 松果腺体

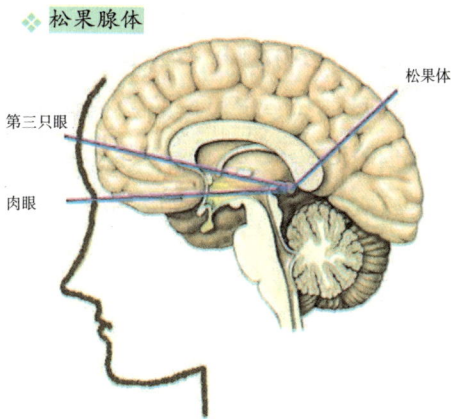

松果体

第三只眼

肉眼

《述异记》是一部古代神鬼小说，相传是由南北朝时祖冲之所编纂，上面记载的都是神奇鬼怪的传说或故事，其中有一篇正是关于"三眼国"的，文中认为三只眼是异族，位于现在的巴蜀一带，第三只眼是那个异族的力量之源，当它睁开时，会爆发无穷的力量。总之，古人赋予了第三只眼许多奇异的本领。

各国的研究结果最终证明了第三只眼的存在。鱼类、爬行类、两栖类、鸟类和哺乳动物都曾有第三只眼，只是这是一只已经完全退化了的眼睛，以至于人们常常忘记了它的存在。科学家们认为，大脑的丘脑上部，有一个隐藏很深的腺体，医学上叫"松果腺体"，就是人类曾经的第三只眼。早在17世纪，法国著名的医学家、物理学家和数学家笛卡尔就认为，松果腺体是人类灵魂所在地，是精神与肉体结合的地方。可见哲学家对这个不起眼的腺体充满了敬畏！现代科学认为，松果腺体只是分泌褪黑激素和血清素的腺体。褪黑素是一种抗衰老激素，能促进睡眠，抵抗肿瘤等功能；血清素可调节时差，影响体温，控制情绪等，有提升免疫力、消除自由基的作用。一旦松果腺体分泌减少，人就会骨质疏松，迅速衰老，各种器官渐渐丧失生理机能。科学家把松果腺体看作退化的三只眼是有一定根据的：松果腺体是根据对光的感应来分泌褪黑激素，

❖ 松果腺体

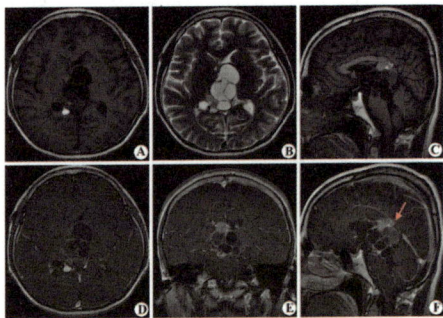

光线弱分泌量大、光线强分泌量少。一些较低级的动物，它们的松果腺体直接由皮肤来感应光线。正是"感光"这一独特本领和眼睛的功能基本一致，从而可以断定松果腺体就是退化的第三只眼。

当然，因为证据太少，还不能完全确定松果腺体就是退化的眼睛，也不能就此认定远古生物大多是三只眼。但至少可以确信松果腺体曾经和感光器官有某种密切的关系，具体是如何产生，又是如何退化的，还需要生物学家对其进行更深入地研究。

Part2 第二章

痛是如何产生的

疼痛是如何产生的？长久以来人们对此一直十分困惑。现在，科学家们经过反复试验和探索，逐渐对其有了初步的认识。

约翰·博尼卡是美国著名的神经学专家，他试图用化学原理来解释疼痛产生的过程：人体受到外界刺激或某个部位受伤后，该部位会立刻释放出某种化学物质。该物质可刺激神经元向大脑传输信息，从而产生疼痛。受伤越重，产生的物质越多，疼痛相应也重。约翰教授认为，这种传输疼痛信息的物质是一种前列腺素，P物质和延迟奇诺素。延迟奇诺素含有9种氨基酸，是所有已知疼痛物质中刺激最为强烈的一种。这种物质还能加速受伤部位的新陈代谢和血液循环，吸引大量的白血球聚集伤处，能够加速愈合。

约翰教授的理论听上去很合理，他充分运用了化学、生物学和神经学知识，巧妙地解释了疼痛产生的原因，但他的理论却无法解释一些疼痛现象。比如，一个被忽然截断手指的工人，他丝毫没有意识到疼痛，没有察觉到机器对自己造成的伤害，依然忘我地工作，直到发现断指，才感觉疼痛不已。类似的情况还有很多，哈佛大学的亨利教授做过一个统计：从战场上归来的伤员中，有

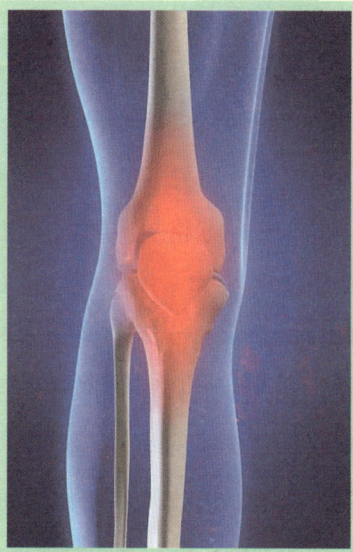

"闸门"理论很好地诠释了人忍受剧痛的现象。三国时，名医华佗为蜀将关羽疗伤，当时尚未有麻醉技术，伤者只能咬牙忍受。关羽专注于下棋，整个刮骨手术中未叫喊一声，表现出极强的忍受力。按照恩·李的观点不难看出，关羽正是全神贯注于下棋，体内才产生大量的内啡肽，达到暂时止痛的效果。

60% 以上的伤者受伤时并没有感觉到疼痛，甚至几小时内也没有疼痛感，但在野战医院处理完伤口后却疼痛不已，难以忍受。针对这一情况，有学者提出了"闸门控制论"。该理论认为，人类神经系统在某个时刻只能处理一定量的疼痛类，就像自来水的管子，就算把水管的闸门放到最大，也只会产生定量的水。同理，当疼痛神经向大脑输送过量的信息时，会被脊髓中的神经细胞释放的一种物质自动抑制，犹如闸门一样，将多余的疼痛拒之门外。这时，虽然人感觉很痛，但多余的疼痛被拦截在大脑之外。

"闸门"理论几乎可以解释许多剧痛不痛的迷惑，但神经细胞释放的这种抑制物又是什么东西？现代医学能否提取出来呢？人类若掌握了这种物质，将会极大地减少对麻醉药、吗啡等药物的依赖，能轻易地控制人的疼痛。功夫不负有心人，经过十多年的研究，苏格兰药物学家汉斯·克斯特里茨和约翰·休斯经过反复试验后最终认定这是一种名叫内啡肽的分泌物，是由大脑和脊髓共同产生、用来抑制强烈疼痛的物质。科学家探索的脚步从未停止，美国加州大学的恩·李教授根据苏格兰科学家的研究成果，从人脑中分离出一种内啡素，它的止痛能力比内啡肽强一百倍！恩·李教授还发现了一个秘密，当人的注意力集中在一件事上时，会促使神经系统产生大量的内啡肽，能切断人体受伤处的疼痛报警，达到暂时止痛的效果。

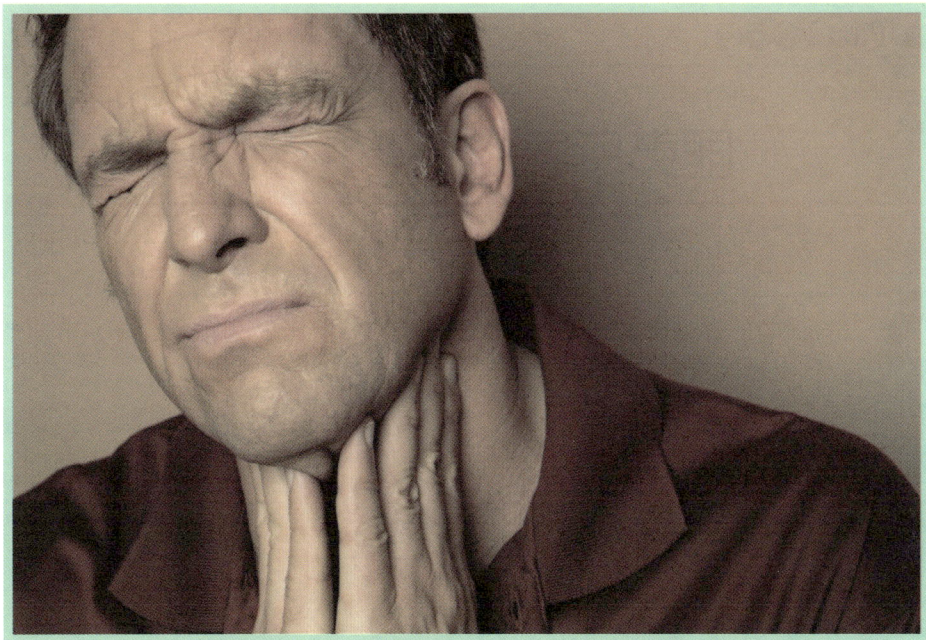

直到今天，科学家们似乎已经初步揭开了生物产生疼痛的奥秘，但仍有很多待解之谜，比如疼痛产生时，抑制疼痛的内啡肽和引起疼痛的神经元是否会相互影响？医学能否帮助人体实现自身抑制疼痛？正如汉斯·克斯特里茨教授所说："我们对人类神经和大脑的认知犹如婴孩对《莎士比亚》全集的了解。"看来要完全揭开疼痛的奥秘，还有一段漫长的路要走。

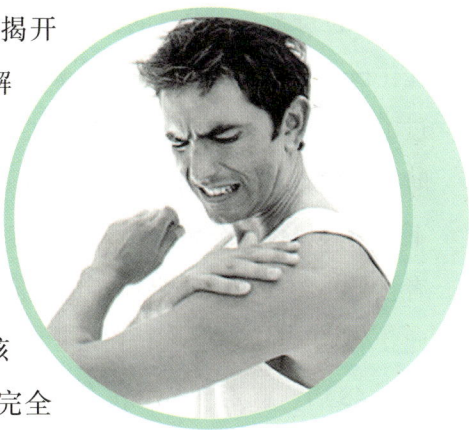

匪夷所思的人体潜能

> 面对诸多令人惊讶的潜能，科学家从精神层面来诠释这一现象，认为精神力量和求生意志是激发人体潜能的最重要因素。

人的潜能有多大？面对不同的境遇有许多人爆发了惊人的潜能：马拉松战役后，费里皮德斯奉命将消息快速传递到雅典，一口气跑了42千米，而之前他从未跑过这么长的距离；"飞将军"李广看见猛虎，取箭便射，不料却是一块卧石，而箭簇没入石头几寸，再射石头时，无论如何也射不进去；一位母亲看到自己的孩子从阳台掉下，以常人难以想象的速度跑到楼下托住孩子，一个田径教练认为她的速度超过了女子百米世界纪录；沈阳发生地震时，一位青年光着身子从23楼快速跑下，用时仅仅一分钟，几天后，有好事者让他再跑一次，结果他再也不能完成此壮举。更可笑的是一位窃贼，翻入一家汽车4S店，盗走了8个轿车车轮。监控显示，窃贼徒手拿着8个车轮，轻易地翻过2.5米的围墙。要知道每个车轮近20千克，8个车轮150千克，还要翻过2.5米的围墙。办案民警一度认为这是位凶悍无比的大盗，力大无穷，可当逮住窃贼后，

❖ 人体潜能

让民警们大跌眼镜，窃贼非常瘦弱，似乎弱不禁风，他本人也不知道当时是

哪里来的气力完成如此高难度的偷盗。

类似的事情数不胜数，各地屡见不鲜。人们感兴趣的不是事件本身，而是怀疑他们是如何拥有这种超能力的，我们又该如何解释超能力现象，同时人们也在思考，究竟是什么因素阻碍了人类自由发挥这种潜力。

可以肯定的是，人体的确存在巨大的潜能，这种能力远超生命极限，只是在极为危险之际或精神高度紧张时才会爆发出来，平常人们从不相信自己拥有这种能力。有人认为每个人都具有深度潜力，只要通过科学的训练，掌握运用巧妙的力学原理，都会成为大力士。

知识小链接

一些人经常抱怨社会不公，没有机会施展才华，环境埋没人才等，其实这是一种缺乏勇气和信心的表现，是懒惰、自卑、不思进取、安于现状、害怕挑战的惰性使然。如果这些人能多给自己一点刺激，多一份信心和勇气，就可以释放出处于休眠状态的潜能，创造出连自己都不相信的伟业。

现代心理学认为，日常生活中人们只使用了生命潜能的10%，另有超过90%潜能处于休眠状态，从未被开发过。人的大脑也是如此，美国一位科学家认为，人类只不过利用了大脑功能的1%，另有99%的潜力很少利用。爱因斯坦利用了大脑的3%，是常人的三倍，他成了科学巨匠。现代心理学也认为：由于受各种复杂的内外因素影响，人的大脑长期被抑制，人们从未察觉自己有某种能力。在外界强烈的刺激下，这种抑制会被突然释放出来，潜能爆发，瞬间产生骇人的力量，也许这才是生命无限潜能的最好解释。

❖ 人体潜能

Part2 第二章

永不沉底的"软木人"

DISCOVER 澳大利亚妇女毕格斯 50 岁前从未学过游泳，但是当她首次进入游泳池后发现自己像一块软木，根本不会沉底。

毕格斯的神奇本领立刻吸引了许多人驻足观看，有好事者提议把重石绑在她身上。毕格斯照着做，结果还不会沉底。为此，不仅毕格斯本人莫名其妙，生物学家和医学家们也无法解释这一现象。医生为她做了全面的检查，发现她的所有器官和普通人没有任何差别；通过计算机扫描后，计算出毕格斯的躯体和体重比例正常，可以排除密度较小的可能。

❖ 浮力作用

在太平洋的另一端，美国人安吉罗·伏尔契克也是一位淹不死的怪人。他是位彪形大汉，身高 185 厘米，重达 90 千克，两个壮汉都抬不动他。正是这样一位大汉，躺在水里时却像软木一样漂浮在水面，甚至会像树叶一样随着

知识小链接

人体的密度和温度与 4℃ 的水差不多，都是 1 克 / 立方厘米。不同人种，密度也各不同，但差异不大，几乎可以忽略不计。人的体重和浮力相等时即会浮于水面，人在水里只有靠四肢不停地划水，产生向上推力，才能保证不会下沉。"软木人"背负重石，重力远大于浮力，却仍会漂浮，显然违背了浮力规则，不符合物理学原理。

❖ 浮力作用

波浪上下起伏，很难让人相信他体重有那么重。给安吉罗挂上几十千克的重物，他依然能轻松自如地躺在水面上，毫无异样。他甚至可以像鱼一样在水面上嬉戏、翻滚，任凭怎么折腾都不用担心沉底，让人们啧啧称奇。

毕格斯和安吉罗的神奇本领吸引了众多的医学家们的兴趣，很明显他们的体重比水重，按照物理学理论，是不可能悬浮在水面上的。甚至有人认为他们的体内可能长有鱼鳔，能像鱼儿一样储存空气。这种说法是站不住脚的，因为毕格斯和安吉罗参加过无数次的医学检查，并未发现任何有异于常人的器官和内脏。科学家们从生物学和物理学两方面对两人进行了很长时间的研究，却始终不得要领，一片茫然，无法查出特异功能来自哪里，只能称他们为永不沉底的"软木人"。

究竟是什么原因让他们能像鱼儿一样漂浮在水面？他们为何能突破物理学、生物学理论常识？难道物理学中的浮力原理有误吗？一个个疑问都像谜一样困扰着物理学家和医学家。

Part2 第二章

"铁人"与"磁人"

铁离子是人体内不可缺少的元素；"磁"是大自然中普遍存在的物理现象。可有一些人体内含有大量的铁，也有人身上有强烈的磁力。

乌克兰人尼古拉·科耶斯基是一个独特的"铁人"，此"铁人"并非现代奥林匹克运动中铁人三项运动员，而是他身上含有大量的铁元素。尼古拉是在一次洗澡过程中首次发现这一奇异生理现象的，当时他发现洁白的毛巾上有大量的红色斑点。起初他并未在意，以为是不小心染上了铁锈，可是他身上的红色斑点却怎么也洗不掉。尼古拉很吃惊，以为背上不小心受伤了，他低头一看被吓了一跳：地上有一层薄薄的红色粉末，可以确信这些粉末是从身上抖露下来的。尼古拉不解，去请教医生。医生也很好奇，把红色粉末拿去化验，居然发现是氧化铁，所有的医生都不敢相信这一结果。

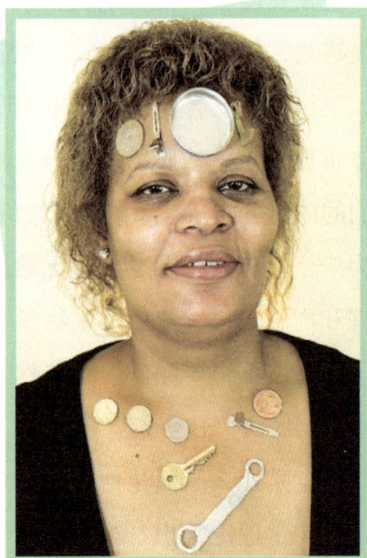

❖ 磁人

尼古拉这位"铁人"引起了乌克兰科学家和医学家们的注意。基辅大学的医学教授斯托里加克对尼古拉进行了全方位的检查，发现他的身体和普通人无异，各个器官和血液中铁含量完全正常，但就是不知道这些氧化铁是如何被身体吸收，又是怎样被排除皮肤外的。斯托里加克说："我从未见过这种情况，虽然人体每天都需要适当的铁离子来合成血液，但像尼古拉身上如此多的氧化铁还属首次发现。若无法排出他体内多余的氧化铁，他的皮肤将会生锈，甚至内藏器官也会生锈，后果不敢设想。"因为查不出尼古拉身上氧化铁的来源，医学界对他的病情毫无办法，只能为他注入更多的盐水，促使铁离子排出体外。医生们检查了尼古拉的家族病史，未发现有任何异常，可见并非是遗传导致。医生虽然认为这种怪病后果严重，也无法治愈，将危及尼古拉的生命。可实际情况是，尼古拉的饮食起居很正常，并未感觉有任何不适。

知识小链接

尼古拉和尤利两位实例证明，世界上的确存在"铁人"和"磁力人"，他们无一例外的都很健康。"铁人"和"磁力人"的存在超越了目前的科技和智慧，挑战着人类已知的生物学常识，科学至今无人能解释这一现象。

"铁人"现象已经超出了人类对生命体的认知，现代医学和生物学完全无法解释这一特例，也许随着科技的进步，人类将最终解开"铁人"之谜。

众所周知，磁现象的产生和铁元素密切相关，尼古拉是位"铁人"，他在这个世界上并不寂寞，因为还有一个浑身充满磁力的奇人，同样也在为这一奇异本领苦恼不已。

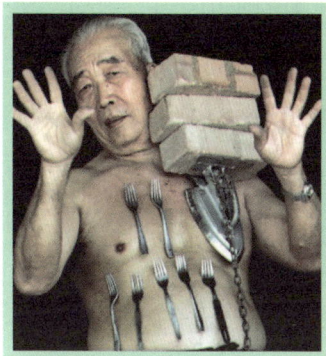

❖ 磁人

位于伏尔加河畔的美丽小城伏尔加格勒，有位50多岁的老矿工。他曾经在附近的矿山工作了30多年，可有一天矿山的老板忽然要求他不用再来上班了，理由是担心这位矿工会引起矿井塌方。这是怎么回事？难道矿山老板认为他是不祥之人？原来这位名叫尤利·卡尔尼斯的矿工年轻时就发现身上有一股磁力，他可以将硬币、铁片之类的小玩意儿吸附在身上。当初发现这一现象时，他并未在意，还经常向工友们表演，博得阵阵喝彩。可后来他发觉这种磁力在渐渐增强，一些铁制品附在身上后很难取下来。他每天都被这种神奇的本领折磨得痛苦不堪，不得不将厨房的铁制品都固定下来，免得被身上强大的磁力吸附过来，造成伤害。现在的尤利身上的磁力非常强大，能将15米范围内的铁制品吸过来，钥匙、平底锅、刀叉等会毫不留情地向他砸过来。最危险的一次是一把长约25厘米的水果刀朝他飞了过来，刺伤了尤利。最初神奇的本领变成了时刻威胁生命的灾难，尤利痛苦难当，对身上的磁力痛恨不已。尤其是被矿山老板强迫辞退后，他更加苦恼，却又无可奈何。

卡·鲁曼斯基是尤利的医生，也是一位生物学高级研究员，他长期关注着尤利的情况，见证了磁力的一天天强大。鲁曼斯基说："可怜的尤利是我见过的最特别的患者，他很健康，没有任何疾病，常年的高强度劳动反而让他格外健壮。我们对他做过多次全面的检查，遗憾的是十几

❖ 磁人

年来我们对这一奇怪现象束手无策，无法解释身体带磁现象，也不能帮他解除烦恼。"一位物理学专家认为可能是尤利在高磁力的矿山干了三十年，长期在磁力线的辐射下，身上也具有了磁力。就像一支铁钉，在强力磁铁上反复摩擦后，铁钉上也会有磁力。这一观点显然站不住脚：铁钉之所以能染上磁力，是因为富含铁元素，假如是一支铜钉根本不会有磁力。尤利的身体内含的铁元素和正常人一模一样，不足以被磁力同化，何况和他同龄的工友们并没有染上磁力。

有遗传学博士认为，可能是尤利的体内一定具有普通人所不具有的元素，人类对这种元素毫不了解。这只是一种猜测，具体是什么原因导致尤利的磁力现象，科学界至今无法解释。现在的尤利十分苦恼，无比渴望能有一位妙手回春的高人将他的奇病治愈，回到正常人的生活上来。如今，尤利只能老老实实地待在家里，周围清除了所有的金属物。他不能出家门，天知道路边哪个不起眼的角落里藏个铁片或利器，突然向他袭来。

神奇的催眠术

"催眠"一词本身就充满了神秘、魔力，仅看到这两个字，我们就仿佛被魔棒牵引，进入一个未知的幻觉世界，既紧张也充满期待。

所谓催眠术就是利用心理暗示，将人带入一个亦睡亦醒的状态，跟做梦、神秘体验、精神放松和冥想之类相似，被催眠者心理有意识，但大脑和身子已不被控制。催眠术至少存在几千年了，但一直被视为异教邪说，名声不佳。近几年，催眠术迅速风靡起来，一夜之间冒出了许多所谓的催眠大师，这些人不知是心理学家还是精神病治疗师，都是利用人们对催眠术的恐惧感招摇撞骗。

电影中，我们经常看到催眠师拿着一个怀表，或一个水晶球，来回摆动后，人迅速进入催眠状态，此时大脑进入空白状态，但意识弱化，无意识冒出，人最深层的意念被催眠师读懂。

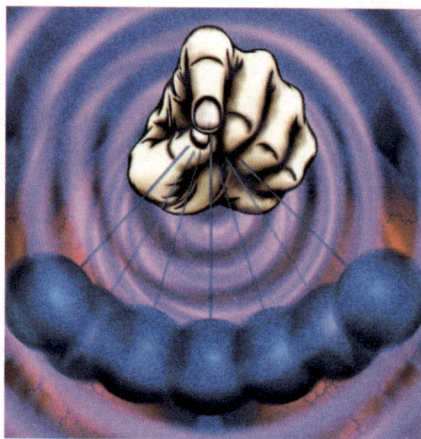

俄罗斯知名学者伊戈尔是一位心理医疗师，也是一个催眠术研究协会的负责人，他认为催眠术可以将医师的意志转移到被催眠者身上，可以将健康向

❖ 催眠术

上、乐观积极的生活态度输给被催眠者，从而达到治疗心理疾病的目的。伊戈尔还认为，催眠师能进入患者的无意识世界，能唤醒他（她）的潜意识，对不健康的、恐惧的、危险的意识进行疏导，可以删除记忆中的恐惧意识，

普通人能学会催眠术吗？简单的催眠方法很容易掌握，但若想成为专业的催眠医疗师，就必须接受系统的、严格的心理治疗培训。最重要的，由于催眠者能掌握甚至改变人的意识状态，所以催眠师不但要有专业技能，还要有崇高的个人操守和职业道德，否则后果不堪设想。

缓解困扰患者多年的心理阴影。

催眠术不仅在治疗心理学上取得了显著效果，在临床医学也有所突破：哈佛医学院的罗森塔尔和吉南德斯教授通过研究发现，进行过手术的患者在精神恍惚、半梦半醒之间时，伤口或骨折处愈合的会更快，细胞成长更迅速。为此，两位教授还专门做了一个实验，对 12 位骨折患者进行长期观察。吉南德斯对 6 名伤者在三个月内每周都做一次医学催眠；罗森塔尔教授负责另外 6 名患者，按常规治疗。14 周后，通过 X 光透视仪发现，接受催眠的 6 名患者骨骼恢复较快，比常规治疗的患者早 2 周康复。针对这一实验结果，科学家认为这是内啡肽增多的结果。患者在接受催眠时，大脑会处于兴奋状态，分泌出更多的内啡肽，能减轻伤口愈合的疼痛，促进细胞新陈代

❖ 催眠术

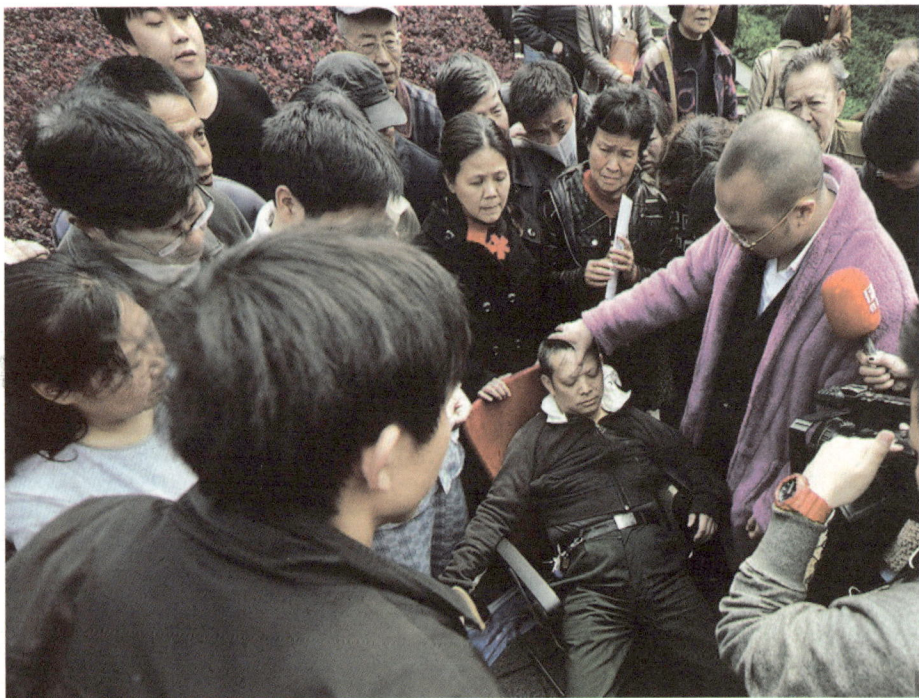

谢，加速骨骼生长。

科学家们已经认识到了催眠术的作用，并相信通过催眠可以激活人体内不可思议的能量。为验证这一观点，有人做了个实验：让许多参与实验的人双手托砖，尽力延长时间。就连最强壮的大汉也不能超过5分钟，而被催眠的女性却能托半个小时！中国也做过类似的实验，被催眠者身体无比僵硬，手臂不能弯曲。将被催眠者

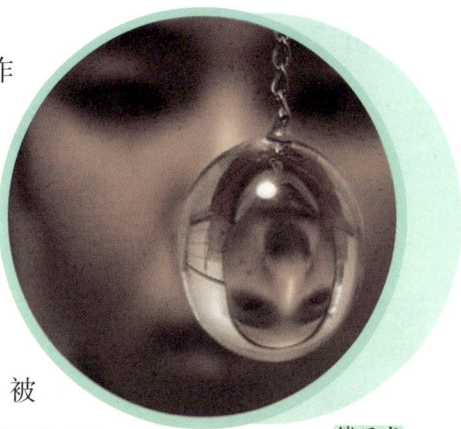
❖ 催眠术

平放在两个凳子之间，腰部至膝盖处悬空，一个体重80千克的人可以站在被催眠者悬空的背上，而被催眠者平躺的躯体依然笔直。除了受过专业训练的人能做到这点，普通人根本不可能实现。观众们无不惊叹，被催眠术的神奇深深震撼：原来这么弱小的人被催眠后会释放如此强悍的力量。

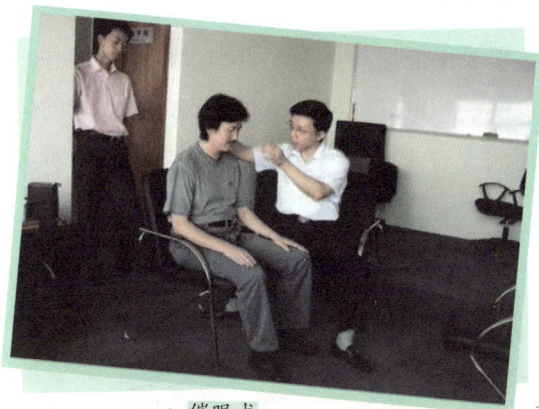
❖ 催眠术

科学家们至今也只是管中窥豹，仅仅了解了催眠术的冰山一角，催眠术的神奇本领还有很多，更多的谜团还需要科学家们继续努力，进一步研究发现。

Part2 第二章

尸身不腐之谜

腐烂是由细菌引起，而水是细菌大量繁殖的必备条件。人体中 70% 的物质是水分，所以尸体若不经过防腐处理，极易腐烂。

古时候的人们相信，人死之后灵魂会到另一个世界，总有一天会重返世间。当灵魂返回世间，就必须要保证尸身不腐，否则灵魂无所依存。古代的帝王为了保存好尸身，无不挖空心思，想尽一切办法。5000 多年前的古埃及人掌握了尸身不腐技术，他们在对法老的遗体进行处理，将含水分较高的内脏掏空，填充上防腐烂的香料，抹上盐巴，用布条裹起，经风干后放入金字塔底，这就是有名的"木乃伊"。此处理技术犹如制作腊肉，排除了细菌繁殖条件，能使尸身千年不腐。

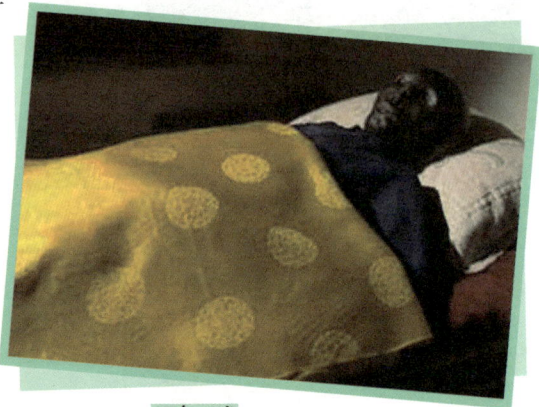

❖ 尸身不腐

沙漠中经常可以发掘到保存完好的干尸，这些干尸均超过 1000 多年，是考古工作的重要线索。沙漠干尸并未经过类似于木乃伊的处理，为何也不会腐烂呢？原来，干燥的沙漠不适合细菌生长，尸体在短时间内即被风干，只留下肌肉纤维和骨骼，而失去水分的尸体自然不会因为细菌的繁殖而腐烂了。

古代中国人在这方面丝毫不输于古埃及人。西汉时期的中国人甚至总结了防腐秘诀：无菌、深埋、恒温、密封。为了达到无菌，需要在墓室四周铺满石灰，有的还用硫酸铜溶液浸泡棺椁；深埋可以进一步隔绝微生物侵入。无论是马王堆女尸还是汉辛追女尸，她们的棺椁都深埋地下 20 米；恒温实际上是控制温度，冬天尚好，夏天温度较高，极易滋生细菌，只有和外界完全隔绝，才能阻止空气流入。这也是为什么古代贵族墓葬往往采用双层棺木，外是椁，内是棺，在地下造出了一个恒湿恒温的小环境；密封也是为了阻止细菌进入，阻止防腐材料挥发，最大限度地延长不腐时间。

知识小链接

贝尔纳黛特是法国一位农村少女，她幼时声称多次梦到了圣母玛利亚。16 岁时，她来到纳维尔修道院开始修行。这位少女性格温顺，十分善良，但终生体弱多病。35 岁的贝尔纳黛特去世后被安葬在纳维尔修道院，126 年后，当天主教会挖出她的遗体进行检查时，惊讶地发现她皮肤依然柔软，富有弹性，面貌栩栩如生，犹如沉睡的少女。

❖ 尸身不腐

相对于木乃伊，西汉时期的防腐技术更为先进，更科学，工艺更复杂。以马王堆辛追女尸为例，她的棺材共有 6 层，3 层内棺，3 层外椁，一个套一个，所有的棺椁板材都是整块木材。它们密封得极为严密、结实，内外都涂有硫酸铜和油漆，棺与椁之间还有白膏泥封固。白膏泥可以防水防潮，多层的棺椁可以制造恒湿恒温的小环境。棺椁内填充了包括冰片、麝香、木香等大量名贵香料。可以想象，女尸下葬后，体内残留的细菌开始繁殖。由于尸体处于一种与外界完全隔绝的恒湿恒温的环境，外界氧气和水分进不去，棺椁内的氧气耗费殆尽后，细菌停止繁殖。同时，棺内香料散发的香气可以杀菌，当最后一批细菌消亡后，棺内一切生命运动都停止，尸体得以完好的保存下来。

Part2 第二章

巫毒教还魂术

伏都教也叫"巫毒教",最著名也是最恐怖的莫过于活死人了,被下咒的人会进入无意识的假死状态,成为任劳任怨的奴隶。

海地位于中美洲,居民大多是殖民时期从非洲贩卖过来的黑奴后裔,是第一个黑人共和国。海地最著名的,也是最恐怖的要数当地人信奉的一种非常诡异的宗教——伏都教。

伏都教也叫巫毒教,最初起源于古老的非洲大陆,后随着黑奴来到中美洲。伏都教是西非国家贝宁的国教,全国有450万人信奉该教。"巫毒"在贝宁语言中是"精灵"的意思。

伏都教最初的起源已不可考,但研究者普遍认为它是非洲最原始、最古老的宗教,由原始

❖ 巫术

社会祭祀祖先和崇拜精灵演化而来。从17世纪开始,伏都教被输送到其他国家,北美的墨西哥、中美洲的海地、南美洲的巴西都受到了伏都教的影响。尤其是海地,当地人将天主教一些神灵也加入到伏都教里,渐渐形成了今天的情况,在海地快速传播开来。

伏都教与其他正宗宗教有所不同,它是一种建立在恐惧的信仰上,认为世间万物都有灵,任何表象的背后都存在灵魂的力量。信奉巫毒教的人相信,

若不参加宗教祭礼，就会遭遇不幸。出于对神灵的恐惧，许多人加入到伏都教。20世纪80年代，海地前总统杜瓦利埃就利用伏都教对国内实行独裁统治，自称是大祭司，任命秘密警察为"护法巫师"，对国内反对派进行了血腥清洗。总统的这种行为更是助长了海地伏都教的兴盛，几乎成为国教。

伏都教内流行一种"巫毒娃娃"，传说一边将钢针刺入巫毒娃娃，一边念叨咒语，受诅咒的人即会遭遇不幸，或灾或病。这一诅咒行为和中国古代的巫术极为相似。其实伏都教最令人毛骨悚然的巫术是一种"还魂"术，即通过巫术诅咒敌人，使他处于生与死之间，神志不清，听从巫师的召唤和命令，成为"活死人"，欧洲的神甫称之为"会走路的死人"。也正因如此，欧洲的殖民者一直严禁黑奴们信奉伏都教，认为那是一种极度邪恶的宗教，和天主

❖ 巫术

❖ 巫术

教、基督教教义截然相反。人类学家梅特罗在研究过"还魂尸"后说："这些活死人全身冰凉，四肢僵硬，但能吃，能活动，能听懂主人的命令。他们没有记忆，也不知身处何处，脸上没有表情，一脸茫然。"想想就已十分恐怖，更别说亲眼见到了。1930年，法国人类学家德卢基在海地旅行，傍晚时分在太子港郊区的一片稻田里见到4个古怪的人，"他们穿着破烂衣服，双手软绵绵的，脸孔和手臂干枯萎缩，双眼深陷，皮肤像枯树皮……"后来，他才了解到那些正是传说中的"还魂尸"。

1982年，美国一家著名的媒体报道了黑人纳西斯被巫师下咒，变成还魂尸的离奇遭遇。1962年，纳西斯因财产问题被兄长买通巫师陷害，先是莫名其妙地得病，后感觉身体冰凉，恍惚中听到牧师宣布他死亡，后被埋入坟墓，但不知怎么被缚住双手带到了农场。在那里，他和上百个同样的人一起干活。有一天，负责照顾他们的工头没有按时给他服药，纳西斯才缓过神来，最终逃离魔窟。直到二十年后，听说兄长已死，他才敢回到故乡。太子港精神病专家对他进行了检查，医检报告认为他的确被施行过还魂术。

所有证据都表明，伏都教还魂术确实存在，但邪恶的巫师是如何作法的？又是通过什么手段让死者还魂的？又是怎样控制还魂尸工作的？人们至今也不明白。

Part2 第二章

人体为何在增高

早在 18 世纪初期，欧洲一些医生就已注意到了人类在渐渐增高，并开始积累这方面的资料。统计数据印证了人们的猜想：人类在增高。

俗语中经常提到堂堂七尺男儿怎样怎样，古人用"七尺"来突出男人的伟岸之躯。那么七尺在古代是多高呢？按照汉朝时 1 尺长 22.5 厘米的标准，七尺等于 157.5 厘米。而现在大陆青年的平均身高已超过 172 厘米，157.5 厘米的个子在当今社会是比较矮的了。诸葛亮身高 8 尺 2 寸，在东汉时是绝无仅有的高个子，堪称奇伟，而现在 184 厘米的身高在青少年中非常普遍，并非十分突出。同时，世界各国的调查报告也突出了"代代高"现象。

其实早在 18 世纪初，欧洲人就意识到了这一有趣的现象，并有计划地搜集相关数据。几十年的统计数据表明，人类的身高的确在增高，而且增高的速度在加快。

❖ 人类在增高

据苏联国防部提供的一份资料显示：1961 年新入伍的士兵身高平均为 171 厘米，比 1941 年的新兵平均身高增了 8 厘米。研究者拿出一具 18 世纪的骑士盔甲，现代的少年正好合适，但青年略显瘦小，这说明 200 多年前的骑士们身高约为 156~160 厘米。20 年内，苏联青年平均身高增加了 8 厘米，

考古学家是如何知道汉朝时的尺寸标准的？在河南省永城的芒砀山上，有一座陵墓，是汉文帝次子，汉景帝之弟，淮阳王刘武的陵墓。陵墓几乎将山体挖空，里面填充了许多巨石，墓道错落有致。考古学家正是根据古代建筑工人在巨石上留下的精细尺寸，才掌握了汉朝时一尺的长度，即22.51厘米。

250年内增高了20厘米，这一细节的确令人惊讶。

不仅在苏联，在欧洲各国和我国也发现了增高现象。我国卫生部对青少年的抽样调查显示：在过去的30年，13~15岁的少年平均身高增加了13厘米；18~21岁的青年平均身高增了10.5厘米。如果你仔细观察一下周围，会发现成年的子女们往往比父母高出许多。真是不比不知道一比吓一跳，原来我们人类正在渐渐增高，一代将比一代高。

为什么会出现此现象呢？人类究竟要增长到多高才会停止？

世界各国的研究结果大致将增高因素分为几个学说：光照增多说，营养丰富说，电磁波辐射说和遗传优化说。20世纪30年代，著名科学家科赫认为，光照时间增长导致人类增高。但这一学说并不科学，靠近极地和温带国家的人们身体也在增高，速度也不比热带国家慢；农村孩子比城市孩子接受的光照要多，却比城市孩子增得慢。到了40年代，美国科学家米尔斯通认为气候变冷是导致身体增高的主因，他认为空气变冷，人的生长速度会加快。当时还没有气候变暖说，所以这一说法乍

❖ 人类在增高

听上去似乎合理，但现在看来是站不住脚的，地球没有变冷，而是正在变暖。有科学家站在营养学角度，认为人体增高是摄入了更多的蛋白质、维生素和动物纤维，促进了骨骼和肌肉的生长。然而最近百年，欧洲人的饮食没有发生变化，摄入的营养也没有明显增加，但同样在增高，尤其是荷兰，成为平

均身高最高的国家。现代又有研究者认为是空中的电磁波增加了，无形中刺激着人的腺体，促使人体增高。这一说法也有不能解释增高现象，因为人类增高现象并非近代才有，早在几百年前就已初现端倪，那时候根本不存在人造电磁波、雷达波和无线电等，电磁波辐射一说也不成立。

最新的解释来自俄罗斯生物学家布诺克，他从遗传学角度分析了人类增高现象，认为是异族通婚的结果。这一说法在生物学领域得到了赞同，这就是所谓的"杂交优势"，即不同地区、不同种族的人相互通婚，他们的孩子往往比较高大，混血儿就是一个十分明显的例子。日本的科学家研究发现，搬迁到美国夏威夷群岛的日裔移民要比他们的同乡高出 10 厘米，从而得出结论：人们改变居住地也可以影响身高。

无论哪种说法都无法准确解释人类增高现象，科学家们也无法断定人类到底要长到多高才会停止增高，如果人类一直增高下去，照此速度，300 年后，每个人的身高都会超过 2.2 米，每个人都像姚明一样高。

❖ 人类在增高

❖ 人类在增高

Part2 第二章

皮肤也能阅读

科学家相信人的皮肤和大脑一样，人类只用了其 1%~3% 的功能，只要在某方面进行针对性的练习，就一定能开发出新功能。

罗扎·库列索娃是一位俄罗斯姑娘，她从文艺自修班毕业后成为本地一个盲人剧团的负责人。当她看到盲人们能阅读盲文时感到十分惊奇，那些小小的针点在平常人看来几乎一模一样，但盲人能熟练地阅读。于是，罗扎决定尝试一下。也许她在盲文阅读方面天赋秉异，经过两周的刻苦练习，她很快掌握了初年级的盲文字母。一个视力正常的姑娘学习盲文，周围人开始嘲笑这一"愚蠢"行为，但罗扎对这些冷嘲热讽置之不理，一头钻进盲文阅读并乐此不疲。她没有仅仅停留在盲文上，转而尝试普通书籍。功夫不负有心人，半年后，罗扎真的学会了闭目阅读普通的铅印书籍了。

1962 年，罗扎做了个小手术，摘除了扁桃腺。手术很成功，医生和护士们要送给她一个礼物以示祝贺。他们都知道罗扎是个爱阅读的姑娘，就决定送她一本书，为了给她一个意外惊喜，还将她双眼蒙上。当医生将书送给罗扎时，她开心极了，用手抚摸着心爱的书籍，令人惊讶的一幕出现了，她立刻念出了封面上

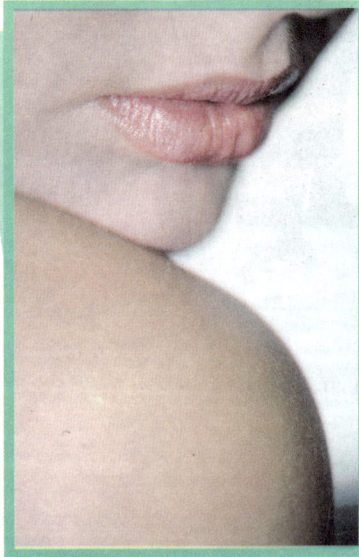

❖ 皮肤

的三行字。医护人员大为不解，以为罗扎阅读过这本书。为了证明这一猜想，医生带着她来到办公室，递给她一本厚厚的医学论著。书放进枕套里，罗扎闭着眼睛把手伸进去，她很轻松地读完了这本书的序言，医生惊讶不已。罗扎奇异的阅读本领立刻在当地引起轰动，当年夏天，她被聘到一家少儿马戏团，专门表演蒙眼阅读。

随着马戏团来回巡演的成功，罗扎声名在外，凡是见过她表演的观众无不惊讶于她的这一独特本领。当然也不乏怀疑者，有人臆测罗扎肯定使用了魔术技巧，只是观众察觉不到而已。有一次，一位质疑者做了一个塞满棉花的黑带，亲自为罗扎蒙上，然后又仔细地检查了一遍，最终确定确无观看到的可能，这才递给她一个暗箱，里面有一本普通人很少阅读的专业学术杂志，暗箱的两端有直径 10 厘米的孔，只能伸进去双手。只见罗扎胸有成竹，很快阅读出一篇文章的内容，现场所有观众无不瞠目结舌。还有更绝的，罗扎让现场观众在一张白纸上写下一个两位数，且手不用接触纸张，她也能闭着眼睛准确地念出数字。原来她是利用人在纸上留下的体温察觉到的，可书写者并没有接触纸张。

> **知识小链接**
>
> 阳光内含有 7 种颜色的光，只是人的眼睛看不到而已。借助三棱镜，可以将红、橙、黄、绿、蓝、靛、紫 7 种颜色的光分散出来。这是因为阳光透过三棱镜时会发生折射，由于 7 种光线的频率不同，波长不同，导致折射角也不同，另外三棱镜部位厚度不同，折射后的光线就会分成 7 个单色条。

❖ 皮肤

1965 年，罗扎迁到大城市，试图将这一闭目阅读方法传授给盲童们。为了增强孩子们的信心，她告诉孩子们，她并不是盲人。经过罗扎的推广，很多孩子在盲文阅读方面的确有大的提高，但仍不能像她一样阅读普通书籍。

很多人认为罗扎拥有这一能力很可能和她当初学习盲文有关，罗扎本人

❖ 皮肤

也相信，是学习盲文的经历让她有此本领。但问题是盲文凹凸不平，摸上去有感觉，而普通铅印文字没有这一特性。

科学家研究过罗扎的事迹后认为，人们只知道皮肤对光线、温度、潮湿有反应，但它还有很多奇异的本领不为人所知。罗扎的皮肤对温度极为敏感，当手指碰到白纸时，能感觉到一点冷感；当摸到黑字时，有一点热感。只是这种冷热感非常微弱，普通人一点也察觉不到，而罗扎感觉到了。

第三章
生物未解之谜

　　生物是泛指一切有生命的物质，小到一个单细胞、一个细菌病毒、一棵小草，大到鲸鱼、大象和高耸入云的杉树。生物存在于地球大约有50多亿年，在漫长的岁月中，动植物为了适应环境，不断地进化，部分动植物有了令人叹为观止的本领，这些独特技能是生物进化的结果，也是它们赖以生存的基础。本章，我们将和读者们一起走入神秘的生物世界，探寻动植物无穷的奥秘。

植物与阿司匹林

在我们生病发烧的时候，家长们会为我们准备好药片来治病，可是在世界上有些地区，那里的人们更喜欢利用唾手可得的植物来代替药品，你知道这是怎么回事吗？

在北美，古印第安人就采用一种古老的退烧方法：当他们头痛或发烧时，就将捣烂的柳树枝叶敷在额头上，以解除病痛之苦。直至今天，现代医学如此发达，印第安人依然采取这一类治疗方法。卢旺达的灌木和印第安的柳树为什么会有此功效呢？在相当长的时间里，医学界对此无比困惑。

1975年，植物学家克莱兰在做实验时，从捣烂的柳枝中发现了水杨酸。这是镇痛解热药阿司匹林的主要成分。这种化合物是用来治疗疼痛、缓解发热的药物，而柳树是一种很普通的植物，怎么会分泌这种物质呢？难道它也会头痛发热？

克莱兰对这一发现充满兴趣，并坚信水杨酸是柳树经过千万年的进化后，产生的自我

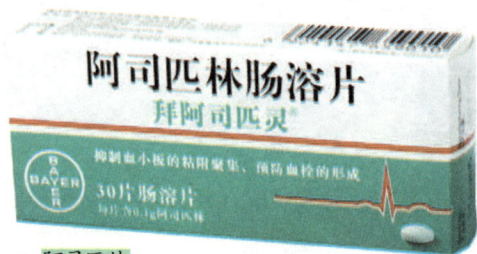

❖ 阿司匹林

保护能力的一种物质，就像人类血液中的白细胞一样。当然它并非预防炎症，也不是治疗头痛脑热，而是预防各类病毒的入侵。1978年，植物学家怀特做试验时，将阿司匹林液注入到患有花叶病的烟草上。几天后，怀特发现烟草的病毒症被控制住，叶子上的小虫相继死亡。试验结果证明克莱兰的判断是正确的！

越来越多的医学科研者相继发现了植物的这一现象。现代医学已经证明真正镇痛解热的并非阿司匹林本身，而是它能刺激人体分泌出更多的前列腺素，这种激素可以调节人体各方面生理机能，达到缓解疼痛的目的。可植物是如何产生水杨酸的？

迄今为止，科学家尚未在植物身上发现这种激素，也未发现具有类似作用的激素。日本科学家美智子猜想，阿司匹林可能是柳树的生长激素，只是人们从未发现它的这一功能罢了。柳树正是靠着阿司匹林的神奇功

> **知识小链接**
>
> 德国的拜尔公司原是一家小型化工企业，主要生产染料。当公司快要倒闭时，开始转型研究化学药品。1897年，年轻的化学家霍夫曼为了治疗父亲的风湿性关节炎，首次合成了水杨酸。1899年，公司将这一药物命名阿司匹林。正是靠着这种新型止痛药物，拜尔公司转型成功，渐渐发展为德国第一、世界第三的知名医药巨头。

效，能在春天率先发芽，使之具有极强的生命力：只要插一节柳枝，即可成长为一棵柳树。阿司匹林作为生长激素也适用于其他植物，比如在花瓶中放入一片药片，可使鲜花延长生命期；将阿司匹林注入野生茨的根系，可以促使它早日开花，并能使鲜花更加艳丽。

各种实验证明了阿司匹林的确是生物的生长激素，但是墨西哥的隆维特拉教授持有不同观点：和人类生存需要营养与水分一样，植物同样也需要肥力和水分，阿司匹林是柳树的"营养合成剂"，能将土壤中的有机物分解，和水分合成生长所需的营养。隆维特拉在墨西哥北部的沙漠里发现了这一现象，柳树含有的阿司匹林成为它特有的"化学武器"，迫使周围其他植物的根系释放水分和营养，然后肆无忌惮地将水分吸收。柳树如此"霸道"的行为让其拥有极强的生命力，能在相同的生长条件下，比其他植物更容易存活。

隆维特拉据此推测，那些生长于沙漠干旱地区的胡杨、仙人掌也许和柳树一样，体内也富含阿司匹林，或者水杨酸，或者其他有类似功能的物质。只是目前科学家仍在研究这一课题，尚处于初级阶段，尚未有重大发现，不能下结论。不管阿司匹林是柳树的激素，还是天然的防护剂，只要揭开植物与阿司匹林之间的奥秘，必将拓展植物学研究范围，将对生物制药领域产生深远的影响。

Part3 第三章

真有**吃人**的植物吗

卡尔里奇在游记里描述的惊悚一幕深深印入读者脑海，使人们相信地球上的确存在令人恐怖的吃人植物，真相到底如何？

卡尔里奇是德国探险家，曾游历过许多大洲，写过很多旅行笔记，这些旅行笔记是研究各地生物的珍贵资料。在所有的旅行日记中，有一篇关于吃人树的记载令人印象最为深刻：他曾在非洲东南部的马达加斯加岛上旅行，亲眼目睹了一种能吃人的树。当地一个土著妇女因违反部落戒律，被族中壮男驱赶到树上，立刻有八片巨型叶子聚拢过来，将其裹入其中。几天后，变红膨胀的树叶渐渐打开，里面只剩下一堆森森白骨。笔记言辞凿凿，加上旅行家的亲身经历，不由得人不信。

这一惊悚的描述一经报道立刻在欧洲引起巨大反响，非洲吃人树迅速流传开来。从此，相继有报道称，有旅行者在南美原始森林和亚洲热带雨林发现了吃人植物。这些传说吸引了无数猎奇者的眼球，也引起了科学严谨的植物学家们的深思。

100年来，欧洲人深信在非洲和南美地区存在吃人树。1971年，为了验证这一传闻，一支由诸多科学家组成的探险队深入马达加斯加岛，去寻找传说中的吃人树。他们几乎跑遍了马达加斯加岛，也没找到吃人树。不过此行并非一无所获，科学家们发现了一些吞吃昆虫的小植物，如猪笼草和荀麻草。考察的结果使一些相信者开始怀疑吃人植物的确存在。

1979年，英国植物研究领域权威专家斯莱克出版了一部学术专著《食肉植物》，他在书中提到，各国学术界尚未发现过任何吃人植物；德国学者恩格一生都在研究植物，他主编的《植物自然分科志》是一部影响深远的植物学巨著，他在书中也提到，目前为止，世界范围内未发现吃人植物。英国生物学家华莱士博士游遍南洋诸岛，记述了各种罕见的热带植物，也从未提及恐怖的吃人植物。抛开流传百年的传闻，严谨的植物学家们渐渐相信世界上并不存在所谓的吃人植物。

既然不存在这类植物，为何会有此传闻呢？斯莱克认为，极有可能是人们看到吞食小型昆虫的植物后，惊讶于植物的吞吃本领，于是猜想放大后的吃昆虫植物肯定会吃人，吃人植物的设想自然应运而生。为了使人们相信这一假设，很多人编出了恐怖的传闻。

那么吞吃昆虫的植物是怎么回事呢？斯莱克教授认为，这类植物大多位于盐碱性土地，土壤贫乏，缺少有机物营养，植物的根部除了吸收少量水分外，根本找不到足够的营养，于是植物开始用叶子在空中寻找食物。斯莱克强调，植物的这一本领可不是后天养成的，而是经过千万年的进化演变而来。它们的叶子渐渐地有了腺毛，能分泌激素。这些激素对小昆虫来说，好比汪洋大海，植物能轻易将"猎物"分解、消化、吸收掉。久而久之，人们逐渐认识了吃昆虫的植物，甚至有人见过植物吞食蜻蜓这一奇观。

斯莱克认为，尽管存在食肉植物，但迄今为止还没有发现任何一种植物像传说中描述的那样，能吃掉、分解掉人，甚至吞掉像老鼠这么小的动物的植物也没有。但有些学者认为，虽然目前还没有足够的证据证明食人植物的存在，但也不能妄下结论，否定存在的可能性。持怀疑论者认为，人类还没踏遍地球上的每一寸土地，也许在那片无人涉足的原始森林里，真的存在吃人植物。

■ **Part3** 第三章

神奇的黏菌

黏菌是一种独特的原生生物，它类似于植物，却又有霉菌的生物习性，现代生物学将其归类在真菌与植物之间。

1992 年夏，陕西省周至县一位名叫杜战盟的农民去邻县的渭河打捞浮柴时，发现了一坨软乎乎、黏糊糊的东西。他以为是一块烂肉，在河里洗了洗后就带回家了。

这块"烂肉"重 23.5 千克，似肉非肉，似菌非菌，村民们都不知道这是个什么东西。有大胆者切割了一块，煮熟后尝了尝，味道还很不错。第二天，这团"烂肉"一下子长到了 35 千克，足足大了一多半，杜战盟一家十分惊讶，立刻将此事报告给了相关部门。

❖ 黏菌

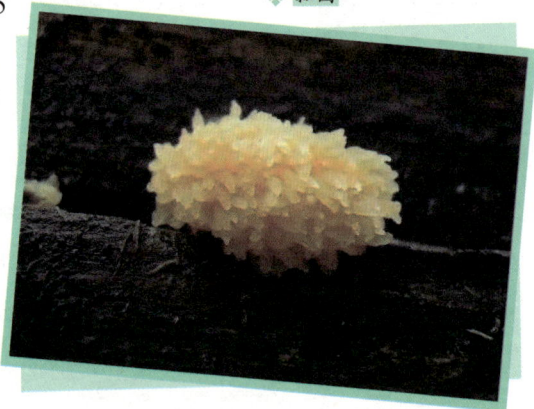

生物学教授杨兴中立刻从西安赶到杜战盟家，研究了此物。只见那个怪家伙通体褐黄色，静静地躺在大铁锅中，一动不动。经测量，此物长 75 厘米，宽 50 厘米，周长 120 厘米。用手摸着它，能感觉到有层次感，手感极柔。杨教授从未见过此物，也不知这坨"烂肉"是何物。

一个星期后，西安市长崔林涛获知这一消息，立刻指示相关单位结合西北大学、医科大学、动物研究院等几家科研单位联合鉴定。一个由市政府牵头，13 位专家学者组成的攻关小组开始对其进行研究。这些专家涉及生理、生化、细胞、植物、真菌、微生物等各专业，可谓人才济济。最终的鉴定结果出来了，这是一个活的生物体，是在我国境内首次发现的珍稀生物，属于大型黏菌复合体，世界范围内都极为罕见。

专家介绍，黏菌是一种很古老的生物菌，它介于真菌和原生动物之间，既有真菌特点，也有原生动物特点。黏菌虽然存在世界超过几亿年了，但旷世罕有。关于黏菌的记载更是少之又少，仅在唐朝时的一些文献中提及，美国西北部的阿拉斯加也曾发现过黏菌，但遗憾的是，由于保管不善，20 多天后黏菌就死了。

知识小链接

最近英国的科学家们做了一个有趣的实验，将黏菌放在树脂地球仪上，记录了它逐渐占领整个地球仪的过程。实验证明，黏菌有最原始的思维和智慧，它占领地球仪的过程与人类历史发展道路极为相似。科学家们甚至认为，黏菌不仅可以帮助人类更好规划未来的交通路线，预测全球疾病发展轨迹，还能为世界未来发展指明道路。

据悉，陕西境内发现的这块黏菌至今仍活着，研究人员将其放入玻璃缸中，隔三差五注入一些自来水，神奇的黏菌每年仍以 3% 的速度生长，现在已成为西北大学的"宝贝"。

这真是生物史上一大奇迹：自来水成分很简单，这种物质为何能一直生长，它的营养来自哪里？直到今天，科学家们还没发现有哪种生物可以像黏菌一样在水里不停地生长。

❖ 黏菌

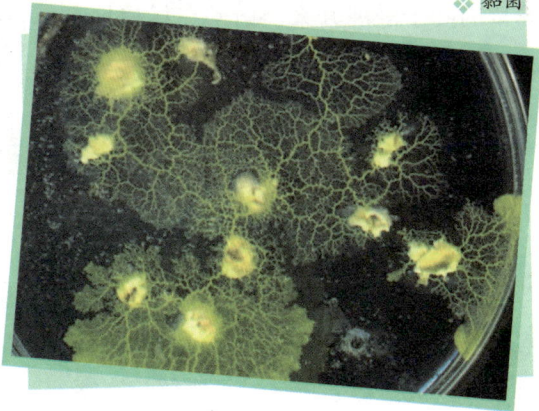

1992 年 10 月，日本明仁天皇访问中国，参观过兵马俑后，专门向相关部门提出参观一下这块黏菌。原来天皇本人也是一位生物学领域的专家。明仁天皇用手摸着这块举世罕见的怪物，不停地向接待方致谢："感谢你们让我们参观这么珍稀的东西。"

Part3 第三章

植物睡眠揭秘

植物会睡眠吗？这一问题听上去十分有趣，但植物生理学认为植物会睡眠，而且睡眠是植物生长时的自然现象。但是植物为什么要睡眠至今仍是科学无法解释的现象。

每当晴朗的夜晚，只要细细观察，我们就会发现一些植物相对白天发生了微妙的变化。比如最常见的合欢树，白天它的叶子舒展而又平坦，可当夜幕降临，所有的叶子即会一对对地折合关闭，犹如相拥而眠的情侣。夏天，我们在野外经常看到一种名叫红三叶草的植物，它长着3片叶子，开着紫色的小花。白天在阳光的照射下，红三叶草的叶子舒展开来，仿佛在尽情地享受着阳光的滋润，快乐地成长。但到了黄昏，3片叶子便犹如玩累的孩童，无精打采地低垂着头，昏昏欲睡。田里的花生也是一种很爱睡觉的植物，白天，它的叶子舒展开来，傍晚时分，所有的叶子缓缓向上关闭，似乎要睡觉了。事实上，我们周围有很多植物都会睡觉，只要留心观察，到处都有这种有趣的现象。

❖ 睡莲

睡莲是一种以睡得名的植物，每当太阳初升，睡莲会骄傲地展开它那美丽的花瓣，就像一位刚刚睡醒的仙子，每当夕阳西下，它悄然将花瓣收回，就像一个含苞待放的花蕾，再次进入梦乡。由于它日出而醒，日落而息的生活规律十分明显，故此得名"睡莲"。会睡眠的花儿还有很多，如蒲公英、萝卜花、车前菊等。

植物为什么要睡眠？几十年来，科学家们试图用生物学理论来解释这一现象，并围绕这个问题，进行了长时间的研究。

最早发现植物睡眠运动的并非现代人，而是大名鼎鼎的生物学家达尔文。早在一百多年前，达尔文在研究植物生长过程中，曾对近70种植物的夜间生长情况进行了观察。他发现一些植物的叶子夜间比白天时要小，甚至有些植物晚上干脆卷起了整片叶子。达尔文猜测，植物的这一行为很可能是为了保持温度，以此抵抗夜里的低温。由于受当时研究条件的限制，达尔文无法测量植物叶子温度的变化，但他认为睡眠运动有利于植物的生长。

知识小链接

美国科学家恩瑞特做了很多有趣的实验后认为，植物的叶子有追求温度的本领，温度高的叶子生长速度也快。为了保证"体温"，植物的叶子夜间会闭合起来，以防散热，并非是人们想象的那样，进入了睡眠状态。他也由此得出：在同等生长条件下，能在夜间闭合叶子的植物要比不能闭合叶子的植物具有更强的生命力。

❖ 睡莲

❖ 睡莲

大师的论断似乎很有道理，但只是一种猜测，缺乏足够的证据，一直没引起研究者的重视。进入 20 世纪 60 年代，植物生理学逐渐形成一套完整的理论体系，科学家们对植物的研究渐入佳境，在研究植物睡眠运动方面取得了丰硕成果，相继提出了许多说法来解释这一现象。

第一种说法是"月光理论"，提出这一观点的人认为，过多的月光照射会干扰植物白天的光合作用，睡眠运动可以减少月光的侵害。可许多热带植物并没有光周期现象，却也有睡眠运动，显然这一说法不足为信。

第二种说法是"自我保护"说，植物通过叶子的闭合来减少水分蒸发和热量散失，尤其是合欢树，不仅夜里闭合树叶，遇到大风大雨也会有此表现。这是植物对外界环境的一种本能反应。

科学家们还有很多观点，但所有的观点都不能完全解释清楚睡眠运动，不足以令人信服。植物睡眠运动究竟是植物有意识地在睡眠，还是植物的一种自我保护本领，现代科学无法彻底解释这一现象。

❖ 睡莲

Part3 第三章

旅鼠集体投海之谜

旅鼠们成群地从山上冲下，黑压压的一大片，任何困难和危险都无法阻挡它们前进的脚步，最终旅鼠群奋不顾身地冲进海里。

1868年的一天，天气格外晴朗，一艘来自冰岛的邮船正缓缓驶往挪威。船上的乘客们已经看见了挪威漫长的海岸线，兴高采烈地准备登岸。忽然，有人大喊："上帝啊，你们看那边，那是什么？"众人朝那人的指向望去，只见前方的海面上有一片黑糊糊的东西在蠕动，就像翻滚的墨水。

❖ 旅鼠

邮船驶近了，人们睁大了眼睛往下看，原来是一大片旅鼠，它们刚刚从岸边游过来。这时悲惨的一幕出现了：游在前面的旅鼠们渐渐力竭，挣扎几下后再也不动了。后面的旅鼠毫不退缩，前赴后继地往前游。半个小时后，这一片海域归于平静，海面上留下一大片旅鼠浮尸。

那是人们首次亲眼目睹旅鼠们的疯狂行为。其实每隔三四年，位于巴伦支海海峡的这片海域都会上演惊心动魄的旅鼠投海自杀悲剧。旅鼠们成群地从山上冲下，冲过荆棘丛、田野，蹚过小河，飞速地跑向海岸，很快聚拢成黑压压的一大片。狐狸、狼狗、鹫鹰、蛇等食鼠动物对它们的袭击丝毫不能阻挡鼠群前进的步伐。到达海岸，鼠群们毫不犹豫地纵身跳进海里，拼命地

世界各地每年都会发生鲸集体自杀事件，原因何在？科学家经研究认为，鲸的视力严重退化，完全依靠耳朵的回声来进行定位。一旦鲸的耳朵受伤或依附了寄生虫，它就丧失了辨别方向的能力，最终搁浅海滩。而鲸又有很强的恋群性，一头搁浅，其他的就会奋不顾身地跟上，继而接二连三地搁浅，最终导致集体自杀的悲剧。

向前游，直至生命的终结，悲剧性地结束它们的一生。

北欧旅鼠是一种寒带鼠类，生活在俄罗斯西北部与斯堪的纳维亚半岛上，黑褐色的毛，短尾巴，身上有白斑点，与普通田鼠并无差异。旅鼠除了能适应北欧的极寒天气外，还具有极强的繁殖能力。旅鼠的性成熟期为 6 周，一只雌鼠每年平均生 10 只仔鼠，照此计算，2 只旅鼠一年内可以有 3000~4000 只后代，是真正的几何式的爆发增长。

旅鼠分布极广，除了北欧外，世界其他地方基本都有这种鼠类。可为何单单北欧旅鼠有周期性的自杀行为？有人根据旅鼠的繁殖能力推断，它们周期式的投海"自杀"行为很可能与鼠群的快速增长有关。过于庞大的鼠群造成食物短缺，为了寻找新居住地，一部分旅鼠就迁徙他乡。提出这一论点的

❖ 旅鼠

研究者甚至发挥想象，认为几万年前，波罗的海和巴伦支海比现在要窄，那时旅鼠完全有能力游过大海，直达彼岸，建立新根据地。代代相传，集体迁徙就成为旅鼠的本能。现在，海峡变宽，可怜的旅鼠们仍没忘记祖先留给它们的本能，当它们跳入海里时，只能被无情的海水吞噬。

俄罗斯科学家提出了另一个解释，几万年前的冰河时期，北冰洋被厚厚的浮冰覆盖，西伯利亚吹来的寒风裹挟着巨量黄沙，为这一片海冰铺上了土地毯，鸟儿的

❖ 旅鼠

迁徙为"土地"带来了草种。夏季来临时，这片大地会变成青青草原，旅鼠们为了追求寒带气候，继续北迁，来到这片"草原"，时间久了，形成本能。现在，那片"草原"早已不在，可旅鼠们依然乐此不疲地寻找心目中的天堂。

❖ 旅鼠

更多的研究者认为，以上说法并无令人信服的证据，都是牵强附会的猜测，旅鼠投海真正原因并非现代生物学能解释的。真相是否真的如此，我们不得而知，期望随着生物科学的进步，人类最终能揭开这个谜题。

■ **Part3** 第三章

动物**冬眠**揭秘

动物的冬眠是一种十分奇妙的现象，科学家们观察到了动物冬眠后的许多有趣的现象，比如停止呼吸，脉搏变弱，体温下降等。

每当冬天到来，原本熙熙攘攘、热闹非凡的大自然忽然趋于宁静，许多动物开始了漫长的冬眠。冬眠中的动物体温迅速降低，有的能降到5℃，有些冷血动物甚至能降到0℃。它们不再活动，或者活动十分缓慢，凭借着体内储存的营养不吃不喝度过漫长的冬季。

动物的冬眠的确是神秘而又平常的现象，它们在冬眠之前，会进行一番紧张的筹备工作。比如熊，它会夜以继日地吃喝，在皮下积累起厚厚的脂肪，体重几乎是平时的两倍。原来这是熊在为冬眠储存食物，以备长期消耗之用。研究者观察了许多冬眠动物，发现了很多有趣的现象。

在加拿大，有一种山鼠的冬眠期超过半年。不等秋天来临，山鼠们就开始为冬眠做准备。它们挖好地道，钻入深穴，把身体缩成一团，正式开始冬眠。渐渐地，山鼠的呼吸变缓，直至停止；脉搏变弱，2个小时或3个小时才跳一下；体温降为5℃，身体变得冰凉僵硬。这时，用力击打山鼠，它也会一动不动，犹如死去，可它却依然活着。

松鼠冬眠时睡得更死，任人怎么摔打，它也不睁眼，就算用针扎、锤敲，

❖ 动物冬眠

它也不醒。但当把它放在炉火旁，它就会慢悠悠地醒来。

刺猬冬眠时，几乎没有呼吸，它的呼吸道有一块软骨，冬眠时，软骨将口腔和咽喉阻断，气管和肺形成一个密闭气舱，不再呼吸。当把它放入温水中，半个小时后，它才慢慢睁开眼睛，苏醒过来。

动物冬眠的时间不等，冬季越长，冬眠时间也越长。俄罗斯黑貂冬眠期为20天，而我国北方的刺猬和西伯利亚的旱獭冬眠期超过200天。中国东北地区的黑熊冬眠期为90天，而俄罗斯高加索和北极圈附近的黑熊冬眠期为125天。熊在冬眠时会走出洞外，在冰天雪地里溜达一圈，回来接着睡。怀孕的雌熊冬眠时，任由大雪覆盖在身上，肚子里的胚胎会继续生长。春天到来，雌熊醒来，不知什么时候身旁多了两只活泼可爱的幼仔，显然这是雌熊冬眠时诞下的。

除了哺乳动物和冷血动物，一些昆虫也会冬眠。昆虫冬眠时，会分泌一

知识小链接

除了文中提到的动物，还有一些动物虽然不冬眠，但却有过冬的本领。冷血动物中乌龟、鳄鱼、蜥蜴可以适时调低体温以适应寒冷的气温；鸟类大多选择飞到温暖的南方；哺乳类动物长出厚厚的皮毛；蚂蚁储存越冬的食物；蛇集体冬眠，相互搂抱在一起；蝙蝠躲进山洞的缝隙，头朝下悬空，一吊就是半年。

❖ 动物冬眠

❖ 动物冬眠

种抗冻液，能在严寒的天气里保护自己不被冻伤。研究还发现，蛙类在冬天来临时也会分泌一种类似防冻液的物质，但春夏之时就不会产生。

生物学家们相信，动物的冬眠完全是一种对抗外部不利环境的行为。导致冬眠的主要因素是食物的缺乏和外部温度的降低。冬眠可使动物的甲状腺和肾上腺停止工作，但生殖腺正常发育。冬眠后的动物抗病能力提高，身体更加灵活，食欲更加旺盛，生殖能力增强，各类器官更具活力。

科学家们认为，动物冬眠时身体的新陈代谢几乎停滞，但神经系统依然保持活力。冬眠的动物将体内有限的营养和能量优先提供给神经和生殖两大系统。医学界正是受此启发，创造了催眠疗法和低温麻醉技术。

冬眠动物无处不在，冬眠现象比比皆是，但人们并未完全了解动物冬眠的奥秘。研究冬眠现象不仅能揭开生命的奥秘，还有极高的医学价值。

❖ 动物冬眠

Part3 第三章

猿是如何变成人的

人类从哪里来？这恐怕是人类自从有思维以来考虑最久的问题，然而直到现在，科学家们依然无法准确地诠释人类诞生的过程。

人类的起源一直是人类思考的问题，进入文明时代后，无数的思想家、哲学家试图向世人解释人类起源过程，但由于对大自然的认知非常有限，古人对此无能无力。自从有了宗教，人类再也不为自身的起源而困惑了，因为所有的宗教都认为是上天创造了人：基督教认为是万能的上帝制造了人，伊斯兰教认为是真主创造了人，佛教认为是天地混沌创造了人，古代中国人则认为是本民族的女娲捏了人……

达尔文的《物种起源》冲破宗教禁忌，以大无畏的科学家精神向世界宣称，人是由古猿进化而来，而古猿又是从微生物进化而来。进化论一经提出，立刻轰动世界，质疑声、怒斥声、讽刺声不绝于耳，人们斥责这是有史以来最异想天开的笑话。当历史的车轮驶入 20 世纪，人类渐渐相信了达尔文的观点，惊讶地发现，自己的先祖居然是从树上走下来的古猿。

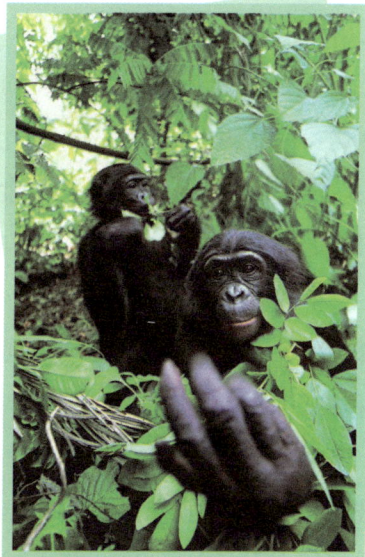

❖ 猿科动物

现在人们知道，大约在 800 ～ 1500 万年前，地球上生存着一群灵长目古猿，他们栖身于树上，以采食野果为生。古猿行走时四肢着地，但主要活动仍在树上。

20世纪70年代，美国古人类学家唐纳德带领的一支考察队在非洲的埃塞俄比亚发现了一个距今300多万年的古人类化石。从残缺的骨骼推断，这个古猿依然是猿脑特征，但已经进化成直立行走。这个化石可谓是古猿向人类过渡时期的有力证据。

可这些古猿是怎样突然转变进化方向，从树上下来，并开始直立行走的呢？直到今天，科学界仍没有统一的观点，但大致分为以下几类：

一种观点认为，古猿直立行走是为了不让野草挡住视线，以看到远方可能存在的猛兽。

❖ 猿科动物

另一种观点认为，古猿和人的分界线应该在800万年前的第三纪的中新世时期。这时的古猿已经会使用小型工具，会用石头作为攻击性武器，开始走出森林，进入草原。

第三种观点认为，中新世时地球变得干燥，经常发生大火，使森林大片消失。古猿从树上得不到足够的食物，不得不走进草原。

❖ 猿科动物

第四种观点和第三种差不多，也是森林减少，食物不足，唯一不同的是导致森林减少不是干燥而是冰川。古猿在地面上生活时，前肢活动增多，重量集中在下肢上。久而久之，前肢越来越灵活，下肢越来越有力，变得粗壮。经过几百万年的进化，古猿终于摆脱了前肢辅助行走的习惯，学会了直立行走。

现代的猿能进化成人吗？答案是否定的！猿转变成人要经过几百万年的进化，需要特定的环境。现代的猿处在深山密林，它们不需要在地上直立行走，也不用为了食物而改变生活习性进入草原。最重要的，进化是一个物种的集体现象，并非一猿一猴可以改变的，现在的猿已濒临灭绝，没有能力改变进化方向。

第五种观点认为，人类关于古猿进化的所有理论都是猜测，并没有真正理解进化论。进化是一种极为奇妙的现象，涉及生活习惯、环境变化、偶发事件、基因突变等方方面面，无论哪一方面发生微妙的变化，都可能改变动物的进化方向。人类不可能彻底了解1000万年间，古猿经历了哪些变化，也不可能研究清楚究竟是什么改变了古猿的进化方向。

第六种观点认为，进化论有不可取之处，并不能解释所有的转变。解释古猿进化成人应加入现代基因学和遗传学，并辅以计算机技术，否则只能是盲人摸象，哪一种因素都看似像，但都不全面。

关于古猿向人的转变还有很多观点，但由于距离年代太久，出土的化石极为有限，哪一种观点都并不全面，也不足为信，古猿之谜将依然是科学界长期研究的课题。

猿科动物

高原"雪人"之谜

> 普罗宁在帕米尔山脉的一条河附近考察时，远远地望见了一个人形动物立在冰岩上，他猜想这也许就是广为流传的高原"雪人"。

1957 年，列宁格勒大学和科学院联合成立了一支水文考察队，准备对帕米尔高原的冰河进行科学考察。8 月 10 日，考察队长普罗宁在一条河的南岸 500 米的地方看见了一个人形动物。只见他立在冰岩上，浑身长有苍白的体毛，正朝河对岸望来。难道是传说中的"雪人"？还没等普罗宁叫喊同伴，那个"雪人"以惊人的速度飞奔而去，眨眼间消失在雪山。

❖ 高原"雪人"

普罗宁的偶遇引起了苏联有关方面的注意，为此他们还专门成立了一支考察队，再次赶赴这一地区，不过这次不再是考察水文，而是追寻传说中的"雪人"。考察队在帕尔米高原地区进行了 9 个月的考察，几乎翻遍了这里的每一座山，从未见到普罗宁所描述的那种"雪人"。最后考察组递交的报告称："帕米尔地区不存在雪人。"

然而几年内，帕米尔地区有多人声称见过浑身长白毛的"雪人"，每一位报告者都声称，他亲眼目睹了雪人，而且确信没有看错。历史学家波尔什涅夫调查过此类报告后称，从 20 世纪初，该地区就相继出现过"雪人"，其中最著名的是一位名叫巴拉金的旅行者，他在游记中提到，在中亚的一次长途旅行中，曾亲眼见到过"雪人"，而且旅行家言辞凿凿，并非危言耸听。波尔什涅夫由此断定，所有的报告并非空穴来风，帕米尔高原确实存在一种神秘的"雪人"！

在帕米尔高原的东麓，邻近塔吉克斯坦的新疆地区，也有很多人声称见到了"雪人"。其中最有名的要数八一电影制片厂的摄影师白辛的偶遇了。1958年，白辛在附近海拔6000高的冰山上看到了一个人形动物，目测可能为冰山"雪人"。白辛还说，在临近阿富汗的山区，有条名叫"熊人沟"的山谷，据当地人称，那里是野人活动的地方。

帕米尔高原9月就会下起大雪，第二年4月积雪仍不会消融。这里极为干旱，植物生长很慢，大多是耐寒的苔藓类、蕨类植物。这里的自然条件对动物生存可谓十分严酷，更别说高级的灵长目动物。若此地真的存在"雪人"，那他们的生存能力简直不可思议。就帕米尔高原是否存在"雪人"，科学界依然没有形成定论。怀疑者站在生物学立场，认为在这样严酷的条件下不可能存在"雪人"；支持者认为，有太多的证据，包括足迹、毛发、排泄物等，况且诸多的目击者都可以证明"雪人"的确存在，我们不能认为这么多人都在说谎。

仁者见仁，智者见智。由于没有相关照片和影像资料，人们依然无法相信帕米尔高原有"雪人"存在，也无法解释这么多目击者看到的是什么动物。高原"雪人"之谜，又一个令人困惑的谜团。

知识小链接

一种动物种类的存在，一定要有繁衍生息的外部条件。生物学研究认为，一个物种若没有一个较大的种群，会很快成为濒临灭绝的动物，而且这种灭亡速度会成负几何倍数加快。显然"野人"或"雪人"不具备这类条件，他们生活的地区缺少食物，也没有足够多的同类，单个的几个野人存在于雪山几千年显然是不现实的。

❖ 高原"雪人"

Part3 第三章

喜马拉雅"雪人"之谜

一个尼泊尔姑娘正在山里打柴，后面悄然跟着一只饥饿的雪豹。雪豹突然袭击姑娘，千钧一发之际，一个凶狠的红发白毛动物救了她。

连绵起伏的喜马拉雅地区流传着许多美丽动人的传说，每一个神话和传说无不表达着人们对高山的敬仰和对神灵的敬畏，其中关于雪山野人的传说可能是这片高原最令人神往着迷的了。在尼泊尔语种，雪人被称为"夜帝"，意指"住在岩石上的动物"。

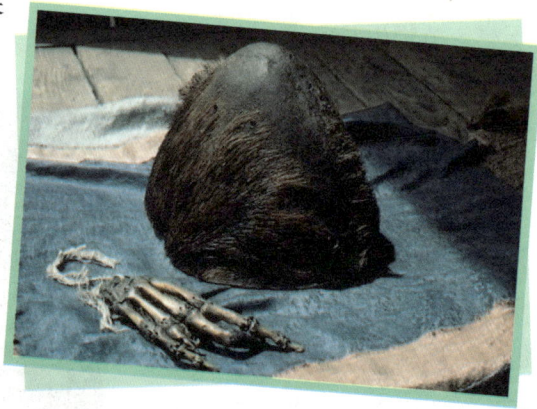

❖ 喜马拉雅"雪人"

关于雪人的传说两千多年来从未断过，早在公元前 4 世纪，就有关于"雪人"活动的记录，它们身高 2～4 米，红发披顶，身上长着灰白色的长毛，头颅尖耸，双目深陷，走路飞快，力大无穷。从 19 世纪起，喜马拉雅山区就相继有人发现过"雪人"。

1938 年，印度加尔各答市纪念馆馆长奥维古上尉正独自一人在喜马拉雅地区旅行，一天上午，天气忽然转变，顷刻间狂风裹挟着暴雪呼啸而来。天地间一片雪白，强烈的雪光刺得奥维古无法睁眼，他怀疑自己此时得了雪盲症。周围没有人，奥维古悲观地认为他要命丧此处。正当他等待死神降临时，一个身高近 3 米的直立动物将他拖出积雪，保住了性命。当他意识清醒，那个大型动物早已消失，留下一串间距很远的大脚印。

往前推 100 年，1848 年，中国西藏地区的墨脱县有一个名叫桑达的藏民外出时被一个体型高大的动物抓死，尸体上留下一股臭不可闻的气味。1951 年，英国极地登山队在攀登珠穆朗玛峰时抓拍到一张照片，上面是一个清晰的大脚印。脚印是在冰面上的薄雪上留下的，长 31.7 厘米，宽 19 厘米，脚趾很大，向外扩张。

1960 年，探险家希拉里联合著名作家、同样也是冒险家的德衣格，再次进入喜马拉雅山区，对传说中的雪人进行科学考察。他们携带了价值百万的仪器和装备，配置了高倍远距照相机，试图拍摄到第一张关于雪人的照片。可是他们此行无功而返，只从寺庙喇嘛手里得到一块雪人头皮和毛发。

1997 年，世界上有了第一张关于"雪人"的照片，是由登山爱好者梅斯纳拍摄的，他始终坚信"雪人"是存在的。从 1986 年开始，梅斯纳就开始在喜马拉雅山区到喀喇昆仑山的方圆几千千米的雪山寻找雪人。他最初曾见到过雪人，但慌乱中没有拍下照片。但他最终于 1997 年拍下了"雪人"照片，但照片上是一个全身长毛，动作滑稽的动物，更像一只棕熊，和人们想象中的雪人相去甚远。梅斯纳的照片没有引起世人的关注，引来的却是科学界的嘲笑。

进入 21 世纪，尼泊尔、印度和我国藏南地区相继有多人向有关部门报道他们发现了野人，所有的描述基本一致：高个、红发、灰白长毛，奔跑速度极快。2002 年，英国著名媒体《泰晤士报》源引著名科学家罗波·麦克卡尔的话声称，牛津大学的科学家们在喜马拉雅西麓的不丹国内考察时，从一棵树上发现了一团毛发，对之进行 DNA 检测分析时，发现这团毛发不属于任何已知动物的 DNA。研究结果似乎证实了人们的猜测：喜马拉雅的确存在"雪人"。

知识小链接
梅斯纳的照片虽然不能说明真的存在雪人，但他并没死心，依然在雪山苦苦追寻雪人足迹。梅斯纳再也不接受采访，也不去回答外界的质询。他在 20 年的时间里搜集了许多"雪人"的毛发、粪便、脚印照片等，他计划将这些资料全部送给美国各大科研机构，希望借助科学的力量揭开雪人之谜。

Part3 第三章

"海底人"之谜

近百年来，世界各国的军舰或商船都遭遇过一类怪事：某片深海会忽然发出一种强光。科学家由此推测，海底可能存在另一种文明。

这种奇怪的现象令科学家们百思不得其解，至今无法解释。美国的科学家们调查了几百宗关于海底强光的事件，认真研究了发生异象的海域，最后得出一个令所有人惊讶的理论：海底可能隐藏着人类所不知的异域文明。

由于没有相关证据，所有的研究和观点都是建立在丰富的想象上，这虽然有悖于科学精神，但面对无法解释的现象，也不失为一种探索方法，至少为后人研究某个课题提供参考。一种观点认为，所谓的"海底人"是一种既能在海

❖ 海底人

洋里生存，也能在陆地上生存，属于史前生物的一部分。支持者认为，所有生命皆来自于海洋，人体部分器官明显留有这方面的痕迹。人们由此假设，海洋生物在进化时，可能兵分两路，分为陆地、水下两支，爬上岸的进化为人类，留在水中的则进化为"海底人"。另一种观点否认"海底人"是地球生物，更不是人类的旁系分支，而是一种栖身于水中的外星人。因为单从海底发光这一科技就足够令百年前的人类惊叹，加上它们能在海里生存

的本领，由此断定这些生物拥有的科技和智慧远远超过同时代的人类。俄罗斯有学者就认为，若真存在海底外星人，那么这种从海底射出的强光是不是它们和人类沟通的方法呢？这些强光一定隐含了一些信息。不过这种假设十分离奇，并没有获得大多数科学家的支持。

人类对于"海底人"的假想并非空穴来风，而是基于一定的事实。现实中世界各地均有关于发现水怪的报道：

1938年，人们在东欧波罗的海的海滩上发现了一个奇怪的动物，鸭嘴、鸡胸、青蛙头。几个赶海人壮着胆跟着这个怪物，想一探究竟。怪物发现后面有人跟踪，立刻转身跳入海里，瞬间消失得无影无踪，只在海滩上留下几个硕大的青蛙掌印。

1958年，美国海洋学家罗坦博士利用水下照相机对4000米的海底进行拍照时，意外拍到了一些"足迹"，样子看似人类，却又不是人类。

1988年，美国卡罗莱纳州发现了一种栖身于沼泽地的"蜥蜴人"。它半人半兽，身高近2米，红而大的眼睛，浑身是坚硬的、绿色的鳞甲，每只手仅3根手指，和人一样直立行走，奔跑速度极快，能在沼泽里自由行走。当地人曾试图捉住它，但想尽办法也没能如愿。

最近美国有两位职业捕鲨手在加勒比海湾捕获了11条鲨鱼，其中最长的一条鲨鱼长达18.3米，当渔民剖开鲨鱼时，惊讶地发现鱼肚里有一副骸骨，上身三分之一的人形骨骼，但下身却是鱼形骨骼。渔民们将骸骨交给警方，验尸官鉴定后认为这属于一种半人半鱼的哺乳动物。这幅奇特的骸骨吸引了生物学家的兴趣，他们将数据输入电脑，用专业软件还原了怪物的原貌，惊讶地发现居然是一条美人鱼。参与此项工作的艾斯度博士说，所有迹象表明，海底的确存在一种异类人，童话中的美人鱼并非虚构，而是地球上确实存在的生物。

Part3 第三章

"狼孩"之谜

"狼孩"是指从小被狼摄取，并被狼抚育成长的人类孩童。世界范围内有十多个"狼孩"，其中最著名的当数印度"狼孩"，除了"狼孩"外还有"豹孩""熊孩"等。

美国电影《人猿泰山》可谓是人人皆知的故事：泰山是一个人类儿童，因祸落入原始森林，后被一群大猩猩所救，最终懂得了各种兽类语言，成为身手矫捷的森林之王。好在泰山落入森林时已经 7 岁，懂得了人类语言，保留了人的生活习性，并未完全成为野兽，也因此获得了少女的爱慕。

现实中的"兽孩"远没有电影所描述的浪漫，结局也比电影悲惨得多。1920 年，有猎人在印度一个山村附近的狼窝里发现了两个赤身裸体的女孩，一个 8 岁左右，一个不到 2 岁。当地一名神父出于怜悯，将这两个可怜的孩子带回基督教孤儿院。两个女童走路时四肢并用，用舌头舔水和牛奶，喜欢吃生肉，嗅觉格外灵敏，能闻到很远距离的食物，视觉非常了得，能在漆黑的夜里在崎岖的山道上飞奔。神父发现"狼孩"的消息曾在印度引起巨大轰动。

❖ 狼孩

除了印度发现的"狼孩"，还有人在撒哈拉沙漠发现了"羚孩"。1961

年，法国探险家亚曼在非洲北部的撒哈拉地区探险时，曾一度迷路，很快干粮和饮水耗光，他仍没能走出沙漠。正在他绝望之时，一个仿佛是上帝派来拯救他的"羚童"出现了。"羚童"乌黑的头发脏乱地披散在肩上，古铜色的皮肤，身上光无一物。亚曼尝试着和他沟通，并博取了"羚童"的好感。亚曼仔细观察这个"羚童"，发现他天真可爱、活泼开朗，年龄大约 10 岁，脚踝骨骼异常粗壮，能直立行走，但吃食物时却像羚羊一样，四肢着地，嘴巴贴在地上，他的牙齿十分有

❖ 狼孩

力，能听见咬碎灌木时"嘎嘣嘎嘣"的声音。亚曼和"羚童"成为好朋友，虽然他不会和"羚童"交流感情，但可以通过模仿挠耳、翘鼻等动作进行沟通。最终羚童带着亚曼走出沙漠，挽救了这位法国人的生命。两年后，亚曼带着两位朋友重返撒哈拉，他惊讶地发现这位羚童与很多羚羊生活在一起，更令人震惊的是羚童的奔跑速度能达到 52 千米/小时，和羚羊速度一样，6 米宽的沟壑能一跃而过。这是什么概念？在刚刚结束的东京奥运会上，男子百米冠军，美国人鲍勃·海思创造的世界纪录是 10 米/秒，约等于 36 千米/小时；三级跳远世界纪录是波兰人施密特创造的 16.85 米。这两项世界纪录在"羚童"面前简直不值一提。

类似的兽孩还有很多，比如德国出现过"狗孩"，印度发现过"豹孩"，俄罗斯远东地区发现过"熊孩"，巴西发现过"鹿孩"……所有这些人类孩童均已学会了动物的生活习性，很难再改过来，

> **知识小链接**
>
> 返祖现象是指有的生物体偶然出现了祖先的某些性状的遗传现象。比如双翅目昆虫后翅退化为平衡棒，但偶然会出现有两对翅的个体。在人类，偶然会看到有短尾的孩子、长毛的人、多乳头的女子，等等，这些现象表明，人类的祖先可能是有尾的、长毛的、多乳头的动物。

重返人类社会。

现在，人们对兽孩已经司空见惯，见怪不怪，逐渐理解了这一现象，但令科学家迷惑的是，动物们为何会抚养人类婴儿呢？这是一个很有趣的话题，有人认为，雌性兽类有很强的母性本能，尤其是凶狠的狼、豹等，它们可能在失去幼崽后，母性本能迸发，转而喂养其他弱小动物。所以兽类完全有可能抚养人类弃婴，甚至掠来抚养。

也有观点认为，人类婴儿被遗弃后，被出来觅食的兽类发现后，会误以为是自己的幼崽，进而带回洞穴抚养。这类观点纯属臆测，并无任何证据，也低看了兽类的智商，显得十分荒谬。

❖ 狼孩

诸多研究认为，兽类们尤其是凶猛的食肉类动物，是不可能"善心大发"哺育人类婴孩的。但面对"狼孩""豹孩""熊孩"等现象，这一观点显然也站不住脚。

动物们为何要哺育人类后代，至今仍是科学之谜。

❖ 狼孩

第四章
光环背后的名人

　　漫长的历史长河涌现出许多世界伟人，这些熠熠生辉的名字像一颗颗闪耀天际的星星，是人类共同的骄傲。由于年代太久，名人所处的时代人物关系又极为复杂，各种隐藏的潜在因素都可能是事件背后的推手，今天的人们很难获知事实的真相，只能从残缺的记忆中一探名人背后的秘密。本章，我们将和读者一起穿过厚厚的迷雾，深入名人所处的时代，探寻光环背后的名人。

Part4 第四章

兵圣身世之谜

孙武字长卿，春秋末期齐国人，在吴国建功立业，是我国古代杰出的军事理论家、军事家，被世人誉为"兵学鼻祖""兵圣"。

很多人以为孙武能写出《孙子兵法》，一定具有丰富的实战经验。殊不知，孙武根本没当过兵，也没经历过实战，更没有因功封爵，那他是如何写出影响世界的军事名篇《孙子兵法》呢？

后人根据诸多历史文献渐渐还原了孙武这个人的来历。孙武祖先名叫陈完，是陈国君主陈厉公之子。本来陈完应该继承君位，但厉公的侄子陈林作乱，弑主自立，是为陈庄公。陈完为了躲避庄公迫害，就逃离陈国，投奔东边的齐国。雄才大略的齐桓公很欣赏这位公子，准备聘他为客卿，但陈完谦虚谢辞，不愿为官。桓公就让他负责管理齐国的手工匠人，并赐姓"田"。陈完改名田完，后世子孙均在齐国定居。

◆《兵圣》演员朱亚文造型

田书是田完的五代孙，他很有才干，以智勇闻名朝野。田书攻占莒国后，齐景公赐姓"孙"，从此，田书改名孙书，儿子名孙凭，最疼爱的小孙子改名孙武，以示敬仰武学。孙武似乎天生就是为兵学而生的，他少年时就阅读了大量兵法，经常和祖父谈论兵事，能将经验丰富的老将军驳得哑口无言。孙武年轻时，景公昏庸，齐国腐败不堪，他感到

在齐国没有发展前途，没机会一展才华，和祖父、父亲商议后，决定去新兴的吴国实现抱负。孙武来到吴国后，并没有直接去都城，而是走遍吴国全境，掌握了山川地形，绘制了吴国地图为以后晋升积累资本。孙武在东岭一代隐居下来，一边研习兵法，一边观察吴国政治风云。此时，他结识了另一位投奔吴国的青年，楚国大夫伍员之子伍子胥。两人志向相投，惺惺相惜，结为挚友。

知识小链接

《孙子兵法》和"三十六计"有什么异同？两者都是兵家圣典，都是影响中外的军事理论著作，任何参透其中奥秘者均可为大将军。两者不同之处在于，《孙子兵法》只讲道理，讲大势，讲变化的原理；"三十六计"是南朝宋时名将檀道济所撰，主要是总结历代战争经验后，针对每一种情况提出具体的应对之策。

伍子胥帮助公子光夺得吴王宝座，被封为相国，全面负责吴国军政大事。伍子胥三番五次地向吴王阖闾推荐孙武，说他有统兵大才，定能帮助吴国战胜楚国。吴王起初不信，伍子胥七次推荐，最后向吴王呈上孙武所著的《兵事十三篇》，吴王读后，连连称赞，孙武终于走上历史舞台。

兵圣——孙武

以上关于孙武的事迹是由《史记》《新唐书》等历史典籍推断而来，其中很多历史资料相互矛盾，无法自圆其说。《史记·孙子吴起列传》只提到孙武是齐人，其他一概皆无，而到了一千多年后的五代十国时，《新唐书》反而将孙武的身世讲述得清清楚楚，犹如亲眼目睹一般。后人怀疑《新唐书》有演义成分，并非信史。

那么这名影响中国军事理论的兵学大师到底从哪里来？孙武成名前是否有作战经验？难道吴王仅仅凭借一篇军事论文就将军队交给这个毛头青年？所有这些疑问随着时间的推移越来越模糊，现在已无从考证。

Part4 第四章

淮阴侯谋反之谜

韩信是秦末农民起义中涌现出的一名杰出的军事家，他出身贫寒却立下赫赫战功，先后被封为"齐王""楚王""淮阴侯"。

刘邦之所以能取得天下，八成功劳应归于韩信，正是在这位"战无不胜、攻无不克"的名将带领下，汉军冲出蜀中，破三秦，战项羽，由弱变强，最终独占天下。可是登上皇帝宝座的刘邦翻脸不认人，为了解除名将对他的威胁，先后斩杀了九江王英布、梁王彭越、赵王张耳等7个异姓王。这其中不乏谋反者，比如九江王英布。刘邦为了汉朝的稳定，剿灭叛军合情合理。但被罢黜兵权的韩信是否真的谋反？两千多年来，后世争论不休，两种观点截然相反，谁也说服不了对方，直到现在仍没有定论。其中内情恐怕只有刘邦与韩信两人最清楚。

史书上记载刘邦认为韩信谋反属实的是叛将陈豨的一封信，而信的内容明目张胆地鼓动陈豨谋反，韩信愿为内应。既然是密信，为何会被刘邦知道？"历史真如一个打扮好看的小姑娘"，统治阶级为了抬高自己，贬低对手，往往毫无原则、不顾廉耻地将英雄人物描写成不入流的下三滥，可谓无所不用其极。《汉书》在描写陈豨与韩信的这段密谋往事时，讲述得声情并茂，让人身临其境，犹如看电视剧一般。

❖ 淮阴侯

刘邦出征，吕后假诏杀死韩信，刘邦听闻后又喜又怜，喜的是解除顾虑，怜的是军事奇才被杀。这一细节正好透露了刘邦的真实想法：早想除掉韩信，只是没有机会。

韩信为报漂母一饭之恩，以千金相赠，说明他是一个知道感恩的人，恩怨分明。项羽、韩信、刘邦三家鼎立时，项羽派人游说韩信，愿联合起来共抗汉王。此时三方势力谁也灭不了谁，韩信倒向哪方，哪方稳拿江山，可韩信义正言辞地拒绝项羽，并声称汉王对他有知遇之恩，他绝不会此时背叛刘邦。韩信拥兵几十万不想谋反，而被剥夺兵权后想谋反？刘邦的说辞显然欺瞒不了世人的双眼。

历史尘埃早已落定，但韩信被杀依然迷雾重重。相对于那些在改朝换代中死去的默默无名的士兵，韩大将军也该瞑目了，他在那场战争中施展了天才般的军事才华，像一颗耀眼的流星划过楚汉的夜空，在历史上留下了浓墨重彩的一笔，永远被后人凭吊。

千古功过自有公论，是非公道自在人心。毛主席说过："好在历史是人民书写的。"韩信是否真的谋反，是否被冤杀，历史真相已不可考。

知识小链接

相传韩信被夺兵权是在被贬为淮阴侯时。刘邦为了安慰韩信，曾发誓对他"三不杀"：天不杀、君不杀、铁不杀。吕雉深谙刘邦想除掉韩信，就乘刘邦出征时，将韩信骗入长乐宫，用黑布蒙住笼子，将韩信罩入其中，然后命一帮宫女们用尖尖的竹竿猛地往里刺。可怜一代"鬼才"，落得如此下场。

❖ 淮阴侯

Part4 第四章

武则天无字碑之谜

乾陵位于陕西省乾县的梁山上，是唐高宗和女皇武则天的陵墓，是我国唯一的夫妇二帝合葬陵墓。

乾陵墓前立着两块高大雄厚的石碑，左边是"述圣记碑"，上面刻着由武则天撰文，中宗书写的歌颂高宗生平的碑文。这种歌功颂德的碑文在中国封建社会很平常，武则天在为唐高宗歌功颂德的同时，也不忘捎带抬高自己，突显她女皇的丰功伟绩。陵墓的右侧就是举世闻名的"无字碑"，石碑由一整块巨石雕刻而成，头上盘有8条龙。"述圣记碑"和"无字碑"是武则天修建乾陵时预立的，前者是为高宗而立，后者显然是为她准备的。可以想象，按照惯例，"无字碑"一定会记述这位女皇彪炳千秋的伟业，以诏后世。但令人百思不解的是，这块碑上没刻一个字，犹如未完工一样。

❖ 武则天无字碑

"无字碑"为何无字？千百年来，历朝历代有无数说法，大体分为几类：

一是无须说，女皇武则天的自信和狂傲世人皆知，行事喜欢标新立异，为人所不敢为。她是三皇五帝以来第一位女皇，以弱女之身荣登大宝，主宰帝国40年，这些成就足以使她傲视苍穹。狂傲的女皇认为她的伟绩不需要向天下人讲，后人将会铭记她的一生。支持这种说法的大多是桀骜不驯的书生和豪情万丈的文人墨客。

二是惭愧说，有人认为女皇将李氏子孙屠杀殆尽，又重用酷吏兴牢狱，造成无数冤案。老年武则天自知罪孽深重，不便夸耀生平。

三是留给后人说，女皇认为自己不该评论自己，是非功过让后人评说。支持这种观点大多是唐朝中后期的李氏子孙。

四是不便说，儒家认为武则天本是太宗的昭仪，后成为高宗宠妃，又自立为帝，高宗死后，女皇生活不检点，为所欲为，她的儿子羞于评说，也或不知如何称谓。支持这一说法的是以朱熹为首的理学先生们，封建卫道士们。

五是万事皆空说，有人认为女皇笃信佛教，佛家又讲究人死后万事皆空，

关于"无字碑"之谜还有一个可能，即石碑原本有字，唐玄宗后将碑文磨平。李隆基即位后，为了彻底铲除武氏家族，收回了武则天执政时分封给武氏的爵位，斩杀了武氏子孙。历史学家推测，也许是唐玄宗为了报复武则天给李唐带来的奇耻大辱，清除女皇的政治影响，特下令将陵墓前的碑文抹去。

❖ 武则天无字碑

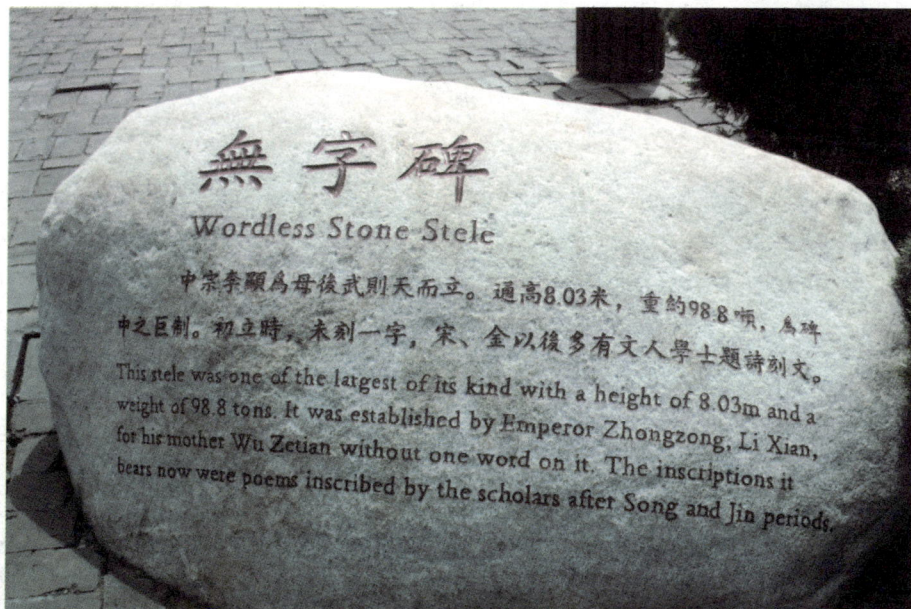

無字碑
Wordless Stone Stele

中宗李顯為母後武則天而立。通高8.03米，重約98.8噸，為碑中之巨制。初立時，未刻一字，宋、金以後多有文人學士題詩刻文。

This stele was one of the largest of its kind with a height of 8.03m and a weight of 98.8 tons. It was established by Emperor Zhongzong, Li Xian, for his mother Wu Zetian without one word on it. The inscriptions it bears now were poems inscribed by the scholars after Song and Jin periods.

故此女皇一字不留。持此观点大多是释门修行人士，或者对佛学有所研究的士大夫。

以上五种说法都是后人凭自己喜好主观臆断，无一例外都是站在个人立场上思考，难免有失偏颇。武则天性格强悍，天赋秉异，好大喜功，聪颖睿智，她视界宽阔，深谋远虑，有囊括宇宙之心，包容天地之志，她的心思岂是那些猜测者所能想得到？后人仅凭一己之好，就妄自揣测女皇心思，恰如燕雀估量鸿鹄之志，岂非可笑？

❖ 武则天无字碑

若女皇地下有知，见世人如此解读她的"无字碑"，想必笑掉了大牙，嘲笑今天的人们愚不可及。"无字碑"为何没有一个字，也许只有女皇本人最清楚。

❖ 武则天无字碑

匈奴王死因之谜

正当盛年的匈奴王接受了东罗马帝国送来的美女，新婚之夜，他喝得酩酊大醉，后半夜时分，新娘忽然大声惊叫，阿提拉早已七窍流血而亡。

阿提拉是老匈奴王的侄子，少年时曾被作为人质送到东罗马帝国。逗留罗马期间，他曾试图逃跑，但都失败了。阿提拉开始把精力转移到学习罗马文化上，这为他后来征服统治罗马奠定了坚实的基础。

公元 432 年，老匈奴王鲁伽统一了匈奴各部，初步形成一个小帝国。两年后，鲁伽去世，他的侄子阿提拉杀掉了王位继承人，成为新的匈奴王。阿提拉雄才大略，狡诈多疑，生性贪婪，残忍凶悍，在他的统治下，短短几年，匈奴骑兵所向披靡，匈奴帝国迅速崛起。在连年的征战中，阿提拉聚集了大量的财富，他的帝国成为当时地球上幅员最辽阔、横跨欧亚两大洲的大帝国。

❖ 匈奴王

公元 443 年，阿提拉派大军西征，匈奴骑兵横扫巴尔干半岛，很快占领了欧罗巴许多大城市。在围攻君士坦丁堡两年后，东罗马皇帝狄奥西多投降，被迫签订了屈辱条约，答应每年上缴大量黄金，向阿提拉大帝输送大量美女，

❖ 匈奴王

这位匈奴帝国皇帝留给后世的谜团还不止这些，他的埋葬地也是一个千古之谜。阿提拉十分贪婪，大军所达之处，往往将该地掠夺一空。另外加上被征服国的进贡，匈奴帝国很快积累了惊人的财富。阿提拉猜疑心极重，只有很少人知道这批宝藏的下落。随着匈奴王黯然退出历史舞台，那批宝藏也下落不明。

这才保得东罗马获得暂时的平安。

公元 453 年，阿提拉正当壮年，东罗马按照惯例，又送来了大量黄金和美女。一天夜里，阿提拉和诸多麾下大将在帐篷外畅饮，所有人无不大力赞扬匈奴王的丰功伟绩。他高兴之余，喝了很多酒。酒席散后，酩酊大醉的阿提拉被一位东罗马帝国送来的年轻女子扶着进了大帐。众将领一看皇帝要洞房了，立刻知趣地散开。

半夜时分，新娘大叫，所有侍卫立刻惊醒，冲进了匈奴王大帐，只见他们爱戴的皇帝七窍流血，一动不动地躺在婚床上，一代英主就此莫名其妙地去世。帝国的几位高级将领立刻杀了罗马新娘，他们围绕在阿提拉的帐外，割掉一缕头发，用弯刀刺伤脸颊，以鲜血来悼念他们崇敬的领袖。勇士们连夜将阿提拉的尸体运到百里之外，然后秘密安葬。陪他一起下葬的是大量的黄金珠宝。

关于阿拉提的死因，历史学家们有不同的观点。有学者认为，阿提拉饮了太多酒，当晚还要和新娘洞房，在酒精和欲望的刺激下，血管很容易爆裂。史书上描写阿提拉死亡时七窍流血，明显属于血管爆裂所致。阿拉提死去80年后，有一位罗马史学家记载到："阿拉提，匈人皇帝，欧罗巴的征服者，被他的妻子用匕首刺死。"许多学者并不相信这个解释，更多人认为作者是罗马人，他的记载有诅咒匈奴王的成分，可信

❖ 匈奴王

度不高。也有人认为，新婚少女是东罗马帝国送给阿提拉的贡品，这位少女极有可能因为家仇国恨而在阿提拉的饮水里下毒，并最终毒死了匈奴王。根据阿提拉死亡时的样子来看，鼻孔流血的确是中毒所致。但这种说法更多的是猜测，并无证据支持。新娘当晚即被阿提拉的将军所杀，根本没有审问这个可怜的少女。

由于时间太久，留下的信息残缺不全，关于阿提拉的记载少之又少，学者们关于匈奴王之死众说纷纭，至今没有形成定论。

❖ 匈奴王

达·芬奇 智商之谜

达·芬奇是一位伟大的画家，他还是雕塑家、哲学家、发明家、音乐家、医学家、建筑师、机械工程师……可谓无所不通。

达·芬奇是意大利文艺复兴时期的艺术家。少年时就格外聪明，他兴趣广泛，勤奋好学，对任何事物都能做到无师自通，很快掌握其要领。比如在佛罗伦萨，他接触长笛几天后就能轻松演奏，水平一点也不比老乐师低；他看到教堂里的神父弹奏七弦琴，尝试弹了几根琴弦，很快就能熟练弹奏，让弹了几十年的神父惊讶不已；他在神父那里看到一些关于化学的书籍，立刻爱不释手，竟然不用任何人讲解，就掌握了全部的化学知识；他看到木匠制作家具，稍微一思考，就能立刻设计出令人叹服的新式衣柜……类似的事情太多了，他对身边任何事物都有浓厚兴趣，只要在某个领域稍微一接触，立刻会成为这方面的专家。这位奇才刚过30岁时就成为几乎所有领域的大师，可谓是人类文明史上绝无仅有的全才！

❖ 达·芬奇

除了在各个领域取得的成就，让我们来了解一下这位大师部分设计对后世的影响。

早在哥白尼提出"日心说"之前，达·芬奇就反对"地球中心说"，也不认为太阳是宇宙中心，他甚至在幻想如何利用太阳能了。

达·芬奇重新解释了液体压力概念，提出连通器设想，他还预示了原子原理，用生动的描述向人们解释了原子能骇人的威力。

他发现了血液的功能，认为血液是人体新陈代谢必不可少的。他说血液通过不停的循环，可以将养分带到身体每个部位，再把废弃物带出。他在医学方面的成就被认为是近代解剖学的鼻祖。

达·芬奇还是考古学先锋，第一个意识到化石在考古中的重要性；他设计制造了各类机械，水下呼吸机、反向螺旋、风速仪、陀螺仪、发条驱动装置等；看过电影《达·芬奇密码》的人都知道他还发明了密码筒；他是人类第一个研制机器人的先驱；他是现代汽车的鼻祖，在他的手稿中，早已为后世设计了汽车；他为米兰设计了各类建筑，包括桥梁、城市街道、教堂等；他发明了子母弹、坦克车、潜水服，设计了直升机、滑翔机、双层战舰等……

知识小链接

达·芬奇晚年应国王弗朗索瓦的邀请来到法国，居住在克鲁克斯庄园，一边创作绘画，一边设计各类发明。1519年5月2日，达·芬奇病危，弗朗索瓦国王立刻赶来探望，达·芬奇倒在国王怀里，咽下最后一口气。他钟爱的学生梅尔兹伤心地说："达·芬奇的死，对每个人都是损失，上帝再也不会制造这样一位天才了。"

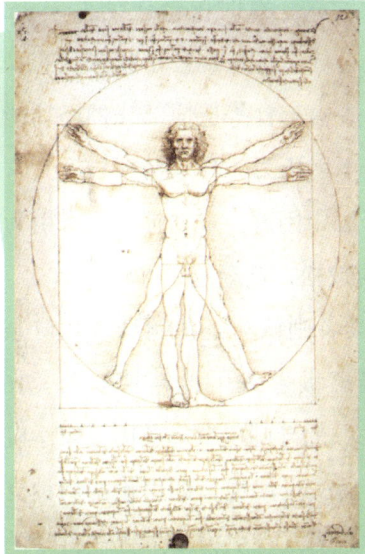

❖ 达·芬奇的著作

诚然，达·芬奇在各个行业取得的成就和他勤奋好学的精神、孜孜不倦的探索有关，但勤学与探索也不足以解释他如此非凡的成就。正常人的智商一般为75～80，爱因斯坦的智商足够高，也只有160左右，牛顿开创了天体力学，智商超过180，有人据此推测，达·芬奇的智商至少在230以上，这是一个十分惊人的数字，堪称世界第一。

达·芬奇天才的想象力来自哪里？他受到了哪些现象的启发？他的智慧和能力为何能领先世界400年？世界上还会出现第二个达·芬奇吗？没有人能回答以上任何一个问题。

牛顿精神失常之谜

> 牛顿是伟大的物理学家，是现代物理学的奠基人。正是这样一位聪明绝顶、勤勉有加的科学巨匠曾经在 50~51 岁时忽然精神失常。

牛顿因何会忽然精神失常？又是怎样好转的，诱发科学家精神失常的因素是什么？这一系列的问题激起了后世许多科学家的兴趣，他们试图从各方面来找出其中的原因。

有学者推测，牛顿在 40 岁时开始深入研究万有引力，这是科学界崭新的科研领域，有许多揭不开的谜团。牛顿为了用数学证明万有引力，长期苦苦探索，精神极度紧张，有时候会连续工作 36 个小时。正是他精神长期处于紧张状态，用脑过度，废寝忘食等造成部分神经功能紊乱，最终不堪压力，导致精神一度失常。等他解开心中困惑，成功证明万有引力，精神顿时放松，渐渐趋于好转。

❖ 牛顿

有学者则认为是牛顿身边几位亲朋的相继离世导致了他精神失常。1677 年，牛顿的导师巴罗和英国皇家学院干事巴格先后去世，他长期信赖的精神支柱消失，立刻感到前途迷茫，似乎永远不可能证明万有引力。牛顿在科学的道路上心灰意冷，情绪低落；不久，他深爱的母亲逝世，这无疑是雪上加霜，牛顿陷入痛苦的深渊。牛顿的霉运还没结束，由于一次意外，他的办公室曾经着火，烧毁了一些重要论文，这可是牛顿20多年的研究成果，凝结了他毕生的心血。这次意外对牛顿来说是最沉重的打击，也是导致他精神失常的"最后一根稻草"。

有研究者认为有毒元素才是导致牛顿精神失常的罪魁祸首。有人获得了牛顿的几缕头发，从中发现了高浓度的重金属元素，其中汞含量超过正常人几十倍！汞是有毒元素，尤其是对神经系统的损伤更严重。研究者推测，牛顿正是长期待在实验室，经常暴露在有毒气体环境中，不知不觉吸收了大量的有毒重金属，最终中毒，引发精神错乱。

美国科学家狄斯本不赞同"汞中毒"说，他认为牛顿的精神失常并非是生理方面缘故，应该是心理方面的。现代医学证明，汞中毒引发精神错乱的同时，还会导致牙齿脱落、手指颤抖等现象，可当时的牛顿并没有以上症状。何况那缕头发怎么能证明是牛顿精神失常时掉落的呢？要知道，不同时期头发中的微量金属含量是不等的。更重要的，头发在250年的时间里是否受到过污染，是否遭受过外部

❖ 牛顿

环境的干扰和影响，也许这些头发吸收了外部有毒物质。

世上还有很多关于牛顿精神失常的猜测，但种种猜测都不能解释正确的病因，更多的是主观臆测，并没有真凭实据来证明牛顿精神不正常的真正原因。也许随着科学家们的深入、全面地研究过后，世人才会了解到事情的真相。

普希金死亡真相

年轻时的普希金才华横溢，风流倜傥，很早就显示出诗人的潜质。当他在莫斯科遇到绝代佳人冈察洛娃时，两人一见钟情，立刻坠入爱河。

普希金是 19 世纪俄国最伟大的浪漫主义诗人，现实主义文学的开创者，标准俄语的奠基人，被誉为"俄罗斯文学之父""青铜骑士"。高尔基称赞他为"俄国诗歌的太阳"。正是这样一位文坛巨星，却死在和情敌决斗时的枪口下，年仅 38 岁。

普希金在莫斯科深深地为一个名叫冈察洛娃的绝色佳人所倾倒，冈察洛娃则被普希金的才情折服，两人是真正的郎才女貌，才子佳人。很快，普希金抱得美人归，和冈察洛娃结为夫妻。

一次，冈察洛娃在宫廷舞会上认识了一个名叫丹特斯的年轻军官，他是俄国沙皇的禁卫军教官，是个来自法国的纨绔子弟。他立刻被冈察洛娃的美貌吸引，不顾她已婚的事实，对其展开了疯狂地追求。普希金对这个不速之客十分愤慨，他无法忍受

❖ 普希金

爱人的变心，也承受不了这种屈辱。为了维护自己的名誉和尊严，他毅然决定同身为军官的丹特斯决斗。阴险毒辣的丹特斯早已装好了子弹，还未等普希金装弹，就率先开枪，击中了他的要害部位。因枪伤过重，一颗文坛巨星戛然坠落。

普希金英年早逝震惊了深爱他的俄罗斯人民，人们纷纷走上街头举行各种活动来悼念这位杰出的诗人，同时也在思考意外死亡真正的原因。俄罗斯人民强烈要求相关部门调查诗人死亡原因，严惩凶手。为了堵住悠悠众口，沙皇假意悼念了普希金，装模作样地派人调查了事情经过，然后不了了之，肇事的军官毫发未损。

普希金真的是死于情场决斗吗？在对所有史料进行认真细致地研究后，有专家

知识小链接

> 长期以来，舆论纷纷指责是冈察洛娃的轻佻和到处卖弄风骚害死了普希金，但后来有证据表明，世人冤枉了冈察洛娃。她不仅是位绝世美女，也是普希金的贤内助，曾为了帮助普希金出版诗集，数次央求她的哥哥，还为此不辞辛劳。其实在这场悲剧中，她和丈夫一样，都是受害者。

指出：普希金之死，完全是沙皇尼古拉一世一手策划的阴谋，为的是除去普希金，占有他美貌的妻子。普希金曾创作过大量的诗歌和小说，批评沙俄的黑暗，揭露封建农奴本质，这让沙皇尼古拉很不悦，为此普希金还被流放过两次。当诗人再次回到莫斯科后，尼古拉被普希金妻子那惊为天人的美貌所征服，为了得到这位佳人，沙皇授意年轻英俊的军官丹特斯去勾引冈察洛娃。

❖ 普希金像

❖ 普希金

丹特斯在各种公开场合勾引诗人的妻子，目的就是激怒普希金，并诱使他上当和他进行决斗。

起初，普希金处处忍让，力图避免冲突，但沙皇在各种场合大肆宣扬冈察洛娃和丹特斯的绯闻，恶意中伤普希金，使他声名受损。普希金最终忍无可忍，落入沙皇和丹特斯联合设计的圈套，并为此丧命。

普希金死后，丹特斯成为被告，在沙皇的授意下，这个恶棍没有受到任何惩罚，只是被逐出俄国，安全返回法国。

普希金死去的170年里，人们从未停止过探寻事实的真相，越来越多的证据表明这场阴谋的总导演就是沙皇尼古拉一世。正是这位心术不正的沙皇为了除掉普希金，处心积虑地策划了这一场悲剧，并最终害死了他。

❖ 普希金

Part4 第四章

音乐大师死亡之谜

1893 年是柴可夫斯基获得最多荣誉的一年，他被法国选为音乐院士，被剑桥大学授予博士学位，但所有荣誉都无法抵消音乐家内心的悲凉。

柴可夫斯基是一位杰出的音乐大师，一生创作了无数经典名曲。1893 年 10 月 28 日，他最新创作的《悲怆》在莫斯科获得巨大成功，再次将事业推向巅峰。在这首曲子里，音乐家将所有的悲哀、痛苦、无法解脱的矛盾，渴望爱与被爱的内心世界淋漓尽致地表达出来。令人惊异的是，曲尾处是安魂曲，预示着向世人告别。

演出成功后的第四天，11 月 1 日傍晚，柴可夫斯基和朋友在音乐剧院的餐馆里吃饭，两人相谈甚欢，一直喝酒到凌晨两点多。第二天，他感觉腹部疼痛，医生检查过后认为是消化不良，并建议他不要再去剧场指挥音乐演出。午后，音乐家喝了一杯水后病情加重，皇室还派来宫廷医师为他诊治，但他还是于 11 月 6 日与世长辞。两天后，官方对外宣布，柴可夫斯基死于急性霍乱。

❖ 柴可夫斯基

关于音乐家的死因，人们并不赞同官方的报道。霍乱是一种传染力极强的疾病，患者必须与人们隔离，尸体需用金属棺密封。但音乐家病重期间，俄国上流社会很多人前去探望，人们没有采取任何隔离措施。临终时，所有的亲属都围在音乐家的病榻前，伤心地亲吻他的额头，和他做最后的告别。首先怀疑柴可夫斯基死因的是一位名叫科萨科夫的作曲家，他参加了音乐家的葬礼后提出疑问："太奇怪了，死者死于霍乱，但亲朋故友们却可以接近遗体，还可以亲吻他的脸和头！"还有很多参加葬礼的知识分子也

知识小链接

> 柴可夫斯基是世界范围内最受欢迎的"古典"作曲家，他的作品感情真挚，充满激情，时而细腻婉转，时而热情奔放，时而幽怨悲凉，时而欢畅明快，具有强烈的感染力。这些作品无一例外地都反映了音乐家的情绪比较极端，神情忧郁敏感。

❖ 柴可夫斯基

提出了相同的疑问。针对世人的疑问，《彼得堡日报》是这样解释的："音乐家是死于血液感染，并非是死于霍乱，因此灵柩并不会传染，遗体还将开放两天，供人们瞻仰、吊唁。"

关于音乐家喝的那杯水，也有不同的说法。有人说是 11 月 1 日晚在饭馆进餐时喝的，次日患病；音乐家的弟弟则肯定是 11 月 2 日中午在家喝的。两种说法前后不一致，不符合逻辑，让人起疑——就算是霍乱，也不可能短短 4 天就要了人的性命。另外，据当事人回忆，那家饭馆是高级场所，经常有社会名流贤达莅临，所有的饮用水都经过煮沸、消毒才让客人饮用，食客不会因这里的水而感染霍乱。

俄国官方有意隐瞒事件真相，人们无法考证事件真伪。音乐家留下太多脍炙人口的佳作，却没在这方面留下多少印迹，人们对大师的死因一无所知。

Part4 第四章

安徒生身世之谜

《安徒生童话》曾讲述了一个鞋匠和洗衣女工的丑儿子被天使照顾，最后成为社会名流的故事。结局让人意外：原来丑儿子是国王的私生子。

安徒生一生都坚称自己是鞋匠的儿子，以示他从不忘本。从上面这则故事可以看出，他本人与故事中的主角极为相似，甚至故事本身就是以作者的亲身经历为蓝本创作的。

提出这个观点的是丹麦历史学家佐格逊，他研究了安徒生的一生后认为，这位天才的童话大师很可能是当时丹麦国王克里斯蒂安八世的私生子，而他的母亲正如故事中讲述的那样，是位地位低贱的贫民少女。佐格逊并非妄下结论，理由是当克里斯蒂安是王子时就与一个民间少女有了真感情。少女生下安徒生后为了照顾王子的脸面，在王室的压力下被迫与克里斯蒂安分手，婴儿则交给王子的女管家抚养。佐格逊翻遍了安徒生在母校时的档案，从未发现有他的登记入学记录。因为没有出生证明，他直到17岁才在市政部门补办了一张证明。另外，他并不像其他孩子一样出生时接受教士的洗礼，而是由一位警官为他洗礼、签字。最值得怀疑的是，安徒生的课程和王室成员的课程一样，学费也很贵，远不是他贫寒的父母所能付得起的。

❖ 安徒生

安徒生生前也提到，他出生时父母结婚才两个月。这一证据足可以证明他的母亲是带着有孕之身嫁给鞋匠父亲的。安徒生还说，他11岁父亲去世，母亲改嫁，从此开始四处漂泊，他做过学徒，当过报童，小小年纪就担当了养家糊口的重任，14岁就来到哥本哈根，后在皇家剧院当演员。直到24岁时才开始出名，但日子过得仍很紧张。安徒生的回忆中，终其一生也未有过安逸、幸福的生活。

真相果真如此吗？文学家卜思哲考证后认为，这位举世闻名的作家隐瞒了身世真相，他出生于一个古堡中，母亲是王储克里斯蒂安的情妇。安徒生出生后一直受到皇室的暗中照顾，5岁时他可以自由出入王宫，和皇室孩子们玩耍。上中学后，王储经常去中学探望他，并在生活上不断地资助他。让无权无势的安徒生加入皇家剧院后，长期被聘用，一直到他功成名就。研究者从而得出，安徒生所谓吃苦、漂泊不过是掩人耳目，并非事实。

一方面是研究者剥丝抽茧，还原出的历史真相；另一方面是已故作家的亲口叙说，言辞凿凿，两种境遇截然相反，孰真孰伪？

❖ 安徒生

第五章
世界军事谜团

　　名人身上有诸多疑团无法释疑，那是由于距离年代太久，残存的记忆无法准确描述历史人物当时所面临的环境，不了解当事人的心理，人们站在不同角度得出不同的观点，从而产生了诸多猜疑。如果史书没有记载其中缘由，那么几十万人也没有留下些蛛丝马迹让后人一探究竟吗？本章，我们一起将插上想象的翅膀，穿越历史层层迷雾，一探千年悬而未解的历史谜团。

诸葛亮与"空城计"

三国时期，蜀相诸葛亮率兵北伐曹魏，因用错纸上谈兵的马谡而痛失战略要地街亭。司马懿大军杀到，诸葛亮巧用空城计吓退魏军。

相传司马懿15万大军从西城杀来，城中诸人莫不惊慌失措。诸葛亮登上城楼，对城中守军说："我有一计，可吓退曹军。"诸葛亮命众人将城门打开，让几个老弱士兵在城外打扫，自己却在城头上摆下琴，神情自若地弹了起来。司马懿大军到，但见城门大开，诸葛亮气定神闲，不由得怀疑，不敢入城。司马懿之子司马昭谏道："诸葛亮不过是故弄玄虚，其实城中无兵。此时正是我父子立功之际。"司马懿阻止说："诸葛亮一生用兵谨慎，从未冒险，今日城门洞开，城内定有埋伏。"司马懿命大军变换方向，慢慢

◆ 诸葛亮与"空城计"

撤退。

这是《三国演义》中记载的故事，也是国人耳熟能详的经典战例，南宋檀道济将这一计策收入"三十六计"，成为兵家圣典。问题是诸葛亮真的使用过空城计吗？

种种迹象表明，诸葛亮根本没用过此计，也不可能沦落到这种地步。司马懿也是一位足智多谋、深谋远虑的军事家，他统帅15万人，难道不会命令几千人作为先锋打入城中试探吗？根据《晋史》记载，司马懿当时作为守将据守宛城，即现在的南阳，而诸葛亮出祁山位于今天的陕西省南部，两地相距600千米，根本不可能见面，诸葛和司马两人打仗无异于"关公战秦琼"。

❖ 诸葛亮与"空城计"

既然诸葛亮从未使用过空城计，那为何《三国演义》会描述得如此精彩呢？其实很简单，这是作者罗贯中一贯的做法，褒刘抑曹，为了突出诸葛亮的神机妙算、用兵如神，故意加入了这一小插曲，用司马懿来衬托诸葛亮技高一筹。这种情况还发生在周瑜身上，赤壁之战本是周瑜一手指挥，但到了《三国演义》里，却成了孔明的功劳，上演了借东风、草船借箭等经典斗智故事。

虽然诸葛亮没有使用过空城计，但历史上不乏使用成功者，比如唐朝时的张守圭守瓜州，就用了空城计退却突厥骑兵。

知识小链接

演义是一种小说载体，故事往往是真实存在的历史，经过小说家的想象发挥后，将故事讲述得惊心动魄，剧情跌宕起伏，以此达到艺术的效果。演义小说一般采用章回体形式，很受广大市民阶层喜欢，因此能快速发展。著名的演义有《封神演义》《隋唐演义》《残唐五代史演义》等。

Part5 第五章

百万秦师消失之谜

公元前 210 年，秦始皇在沙丘暴毙，秦帝国顿时土崩瓦解。陈胜吴广领导的 3 万起义军很快占领了帝国大片疆土，曾经的狼虎之师却神秘消失。

春秋末期，位于西北边陲的秦国渐渐强大，开始将目光锁定在东方诸国。500 年间，秦国从未停止过攻伐，秦军强悍的战斗力令东方六国谈秦色变，每天都生活在秦国的阴影下。公元前 221 年，秦国终于完成了统一六国的大业，帝国版图北到长城，南至岭南，东到大海，西至临洮，百万秦师傲视苍穹，兵锋所指所向披靡。

然而令后世百思不得其解的是，秦始皇死后三年，这支无比强大的队伍销声匿迹，似乎一夜之间神秘消失。当陈胜吴广的乌合之众横扫东方时，咸阳竟然派不出一支可以征伐草寇的队伍，任由其他六国死灰复燃，遍地狼烟。刘邦带领的几万人居然轻松占领了帝国的首都——咸阳。秦耗时 500 年完成的统一大业短短 3 年又回到原点，徒劳一场。

历史学家认为，秦军中有 50 万人被派往南越，也就是今天的广西、越南一代。秦国统一六国后并未裁减大军，而是继续开疆拓土。征岭南并不顺利，

❖ 秦始皇陵兵马俑

50 万大军时刻面临着粮草短缺和南方湿热瘟疫的威胁。秦始皇沙丘暴毙后不久，岭南主将也染病去世，副将赵佗接管了这支大军。赵佗为人谨慎，见掌权的是奸邪小人赵高，立刻意识到了潜在的危险，不愿北上，留在岭南原地待命，静观天下之变。

第五章 世界军事谜团

知识小链接

赵佗 19 岁时就随秦始皇到各地巡游。公元前 219 年，嬴政命大将军屠睢率领 50 万秦军平定岭南。屠睢在岭南滥杀无辜，刚愎自用，遭到当地人顽强抵抗，最终被杀。屠睢死后，任嚣为主将，赵佗为副将。经过四年的征战，岭南终于被平复。秦末动乱时，赵佗"封关绝道"，筑起三道防线，聚兵抵抗北方，后自立为帝。

除了南越的 50 万，北方还有戍卫匈奴的 30 万大军。这些秦师除了抵御匈奴外，还肩负着另一项重任——修长城。但当赵高矫诏皇命杀死公子扶苏，逼死蒙恬后，30 万大军群龙无首，很快解散，各回家乡。所以当咸阳危难时，竟然没有一个人来救援国都，章邯只在骊山征集了几十万修建王陵的劳役，仓皇迎战项羽。

❖ **百万秦师**

另一种说法是，秦始皇是百万雄师的精神领袖，嬴政一死，这些人顿时失去了主心骨，再也不知为何而战。加上此时朝廷由奸佞把持，各方面将领诚惶诚恐，不知所措，有的投入了秦末起义军，有的自立为王，有的就地解散。

以上观点是真实的历史，但都不能解释百万秦师消失之谜。曾经横扫六国雄师的百万秦兵一夜之间神秘消失，只留给后人一个千古不解的谜团。

Part5 第五章

斯巴达克南下之谜

古罗马时期的奴隶主为了刺激，经常观看斗兽表演，通过奴隶和猛兽的血腥搏杀，来满足他们近乎变态的娱乐心理。

奴隶主阶层的残酷剥削和穷凶极恶的压迫终于激起了广大奴隶们的反抗。公元前73年，世界历史上最为波澜壮阔的奴隶起义爆发了，为首的是一位名叫斯巴达克的角斗士。起义军所到之处立刻吸收了更多的奴隶们，起义队伍迅速壮大。面对汹涌的奴隶大军，奴隶主阶级惶惶不可终日，罗马元老院立刻宣布帝国处于紧急状态，调令克拉苏统帅大军前去镇压。

斯巴达克是巴尔干东北部人，在一次战争中被俘成为奴隶。他起义得胜后面对罗马大军的围剿，制订了北上计划：大军翻过白雪皑皑的阿尔卑斯山，再向东南，去往希腊的色雷斯。那里是斯巴达克的家乡，也是希腊人的领地，在那里会得到更多人的支持。

❖ 斯巴达克勇士

斯巴达克的设想鼓励着起义军，奴隶士兵们奋勇杀敌，屡次出奇制胜，接连冲破了罗马大军的重重围剿，一路向北挺进，并最终打到了阿尔卑斯山下的穆提那。让人大跌眼镜的是，斯巴达克并没有率军翻越阿尔卑斯山，而是折返向南。公元前72年，起义军被罗马大军包围在布鲁提亚，惨遭重创。

第二年春，斯巴达克率军突袭南部港口布林迪西，准备渡海前往希腊。可此时的罗马军队将起义军包围得犹如铁桶般，最终斯巴达克战死，欧洲大地上第一次奴隶起义短短两年即被镇压。

史学界们在无限同情斯巴达克失败的同时也发出很多疑问：当大军抵达阿尔卑斯山下时，他为何会忽然改变主意，折返南下？要知道巴尔干半岛此时全是围剿起义军的罗马大军，斯巴达克肯定清楚南下会有灭顶之灾，为何还要明知不可为而为之呢？有学者认为，斯巴达克起义之初力量很弱小，不足以对抗罗马大军，不适合在罗马境内逗留，只有选择北上。但随着队伍迅速壮大，他产生了骄傲情绪，认为起义军实力足以对抗罗马大军，于是放弃了翻越阿尔卑斯山的计划。也有史学家认为，是斯巴达克抬头看见高耸入云的雪山后，产生了畏惧心理。阿尔卑斯山平均海拔超过 3000 米，连绵的山峰多年积雪，几万人的队伍恐怕难以翻越。与其翻越雪山，还不如掉头南下，和罗马大军正面交战。

有一点可以肯定，作为色雷斯人的斯巴达克始终想回到希腊，这也是他为什么袭击南部港口的缘故：翻越不了阿尔卑斯山，就从地中海乘船返回希腊。

> **知识小链接**
>
> 斯巴达克快速壮大的队伍肯定掺了很多水分，几万大军其实是一群乌合之众，大部分人是为了躲避奴隶主的压迫而参与到义军，他们并没有雄心壮志，也没有战胜罗马帝国的政治决心，这支军队还不如原先弱小时的战斗力。斯巴达克为他的骄傲和不自量力付出了代价，一步错，步步错，渐渐被罗马大军蚕食，起义军覆灭。

❖ 斯巴达克勇士

Part5 第五章

角斗士是素食者吗

古罗马角斗士面对的是凶猛的食肉类动物，他们个个力大无穷，身体强壮。然而科学家们研究后惊讶地发现，他们都是素食者。

在世界上最古老的斗兽场附近，考古学家们发现了 70 多具古罗马角斗士的遗骸。正是通过研究这些尸体骨骼，科学家们得出了上述观点——威武强悍的古罗马角斗士都是素食者。

科学家们进一步研究后发现，角斗士们并非人们想象的那样，脚穿木鞋，手持短剑。其实他们并不穿鞋，而是光着脚训练、竞技。令人难以相信的是，他们平日训练时也像正式竞技格斗一样，十分残忍。古罗马留下来的壁画、雕塑大多将角斗士刻画成身体强壮、身材魁梧的彪形大汉，但史学家们认为，那只是人们的想象而已，真实的角斗士身材并不高，又矮又胖，但身手矫健。

❖ 角斗士

科学家对角斗士的骨骼进行了仔细的分析，认为角斗士们的主要食物是大麦和豆类。有学者猜测，角斗士通过大量摄入这类食品，使他们变得强壮、肥胖。豆类有助于增加血管的柔韧性，增强抗打击力。他们吃很多的大麦并非是想变胖，而是想在角斗前努力增加一些体重，以对抗凶猛的狮、虎等食肉类动物。也有学者猜想，食肉者相对于食素者身上会散发出

❖ 角斗士

微弱的血腥味，普通人闻不到，而那些嗅觉灵敏的野兽却格外敏感。角斗士为了不刺激猛兽，刻意避免吃肉，以减缓猛兽的攻击力。这种说法纯属臆测，没有任何证据，科学家们大多不相信这一解释。

专家们还发现，角斗士的骨骼中锌含量极少，而锶含量很高。现代医学证明，既吃菜又吃肉的普通人，骨骼

❖ 角斗士

知识小链接

古罗马一直流传着一个故事：一位奴隶因不堪奴隶主的压迫，逃到了山上。他遇到了一只受伤的狮子，从狮爪里挑出一根刺，还为它包扎伤口。奴隶后来又被奴隶主抓去，并被送进斗兽场，机缘巧合，居然碰到了那只雄狮。狮子没有伤害他，而是亲密地依偎在他身边。罗马皇帝惊异，明白缘由后还了奴隶自由身。

中锌和锶的含量是平衡的。研究者相信，罗马史书上关于角斗士的记载是凭空想象的，史书作者并没有深入地位低下的奴隶们中间，只是想当然地认为这些强悍的勇士们每天吃肉，以保证体力。科学家们综合各方面研究最终认为，角斗士们是食素者。

Part5 第五章

"老虎部队"恶行揭秘

最近，一组照片揭露了美军在伊拉克滥杀无辜的恶行，舆论哗然。翻开历史，人们不难发现，屠杀平民的惨案在美军中屡见不鲜。

19 65年，美国在越南投入了大量的军事力量，越来越多的地面部队进入越南，越战全面升级。在这些部队中，有一支特种部队最令人关注。这支由几十人组成的特战队战绩平平，在50万侵越美军中毫不起眼，但没想到30年后，他们竟然成为世界瞩目的焦点。

这支特种部队代号"老虎部队"，隶属于美国第101空降师。特种部队由45名经验丰富的老伞兵组成，后来又陆续加入了新的作战人员，是一支战斗力强劲的小分队。"老虎部队"刚踏入越南时，并未将这些越南游击队放在眼里。但他们在执行任务时却遭遇了各种恶劣环境，遇到了意料之外的困难。这里丛林密布，气候潮热，最令人胆战心惊的是丛林里埋伏的

❖ 老虎部队

游击队狙击手。面对神出鬼没的游击队，"老虎部队"有劲儿使不出，气急败坏之余将所有怨恨发泄在越南平民身上。一位美国老兵在后来的回忆录中说道："我们每天都在承受煎熬，根本没打算活着回来。为了生存，每个人都能干出可怕的事情。""只有死人最安全，绝对放心，活下去的最好方法

就是杀死每一个越南人。"在此心理支配下，恐怖的杀戮活动接二连三地上演。

"老虎部队"刚进入越南广义地区，就露出了它嗜血的本性。他们随意捉拿越南平民，百般折磨后将他们杀死。后来，"老虎部队"更是以杀人为乐，将平民的皮肤割下，然后套在枪套上，以此炫耀战果。到了后期，特种部队成员中间开始流行割掉平民的耳朵，收集起来作为纪念品。更令人发指的是，有些美国兵居然将耳朵用鞋带串起来，做成项链挂在脖子上，用来吓唬越南人。

"老虎部队"的暴行不仅没有受到军方的惩罚，反而被美军高层赞誉。美军参谋部还将越南一些地方列为"自由射击区"，意味着美国士兵可以在没有上级命令的情况下，无所顾忌地杀人。在上级的默许和怂恿下，"老虎部队"愈发残暴。

❖ 老虎部队

2003 年，美国《刀锋报》记者根据相关档案和资料，做了深入地调查，渐渐披露了"老虎部队"在越南的恶行，向美国人民讲述了大屠杀的来龙去脉。《刀锋报》的报道在国际上引起强烈反响，一些在大屠杀中幸存下来的越南人开始向美国索赔，要求军方正式道歉。一向标榜"人权至上"的美国以没有证据为由，推掉了此案。

川岛芳子生死之谜

川岛芳子是满清肃亲王的第14个女儿，长期潜伏在中国东北，替日本做间谍。她参与、策划了许多祸国殃民的事件，是民族罪人。

1912年，清王朝轰然崩塌，清肃亲王将年仅6岁的女儿爱新觉罗·显玗送给日本浪人川岛浪速，从此这个女孩有了个日本名字——川岛芳子。

川岛芳子成长于日本，从小接受日式教育，接受军国主义思想，并学习化妆、射击、骑马、发报等特务技能，成年后被川岛浪速派往中国东北从事间谍活动。在东北期间，这个女特务策划了"皇姑屯事件"，炸死张作霖；协助溥仪建立"伪满洲国"；对东北爱国学生进行迫害……这名被日本军部誉为"抵得上一个精锐装甲师团"的女间谍，双手沾满了中国人民的鲜血。

◆ 川岛芳子

1945年，日本无条件投降，全国人民强烈要求严惩汉奸，一大批卖国求荣的汉奸如周佛海、丁默村、缪斌、褚民谊等相继被国民政府拘捕。1945年10月，恶贯满盈的川岛芳子被捕，经审讯后被判处枪决。1948年3月25日，行刑的监狱大门紧闭，仅有两名美联社记者进入，其他人等都被拒之门外。枪声响过，人们看见了地上躺着的女尸。现场有人回忆说："子弹由脑后射入，从鼻梁骨穿出，面部一团血污，头发蓬乱，根本无法辨认。"

当时就有记者提出抗议：判决书明确写着"公开枪决"，可行刑日却不让记者见证女间谍伏法，这显然违背了监狱的承诺。国民政府的做法立刻引起了媒体的猜测：川岛根本没有被执行死刑，而是监狱内的一名女子做了她的替身！民间传出川岛芳子一直隐居在长春郊外，直到 1978 年才去世，她逃脱了历史的惩罚，多活了 30 多年。一石激起千层浪，该说法一经提出，立刻引起相关方面的警觉，联想到当年的行刑情境，川岛极有可能重金买通监狱当局，逃脱死刑。民间自发组织了调查川岛之死的研究小组，经过几年的排查，找到了传闻中的川岛，不过此时这位老人已经被火化好多年，生活中没有留下任何蛛丝马迹，手稿、书画均已付之一炬，无迹可寻。

研究小组联系了日本方面，并取得了相关部门的支持。日本方面通过对比行刑前后的骨骼后发现，行刑前的女人应该是长期干农活的村妇，而川岛是金枝玉叶，从未干过农活；另外，死尸的骨盆打开，显然是生过孩子的妇女，而川岛芳子一生没有生育，一直保持着苗条健美的身材。根据以上两点，日本方面断定刑场上的死尸绝非川岛芳子本人。

❖ 川岛芳子

所有证据都表明川岛芳子在行刑时已经被掉了包，逃脱了死刑惩罚。可问题是，是谁一手导演了这出偷梁换柱、移花接木的把戏，又是谁明知她是死刑犯还要将她放出？随着时间的推移，所有的真相似乎离我们渐行渐远。

苏联空军入朝之谜

1950 年夏，朝鲜战争爆发，金日成领导的劳动党很快取得了军事上的胜利。

美国空军在空袭朝鲜武装力量的同时，不停地飞入中国境内，对中朝边境的中国居民进行轰炸。毛泽东等老一辈革命家以"唇亡齿寒"为诫，决定派兵入朝。

面对武装到牙齿的美国兵，成立刚一年的新中国军队无论从装备还是后勤都不是美国的对手。此时的人民解放军还没有空军，根本无法对付美国的轰炸机，只能任凭美国空军的轰炸机编队对中国志愿军进行轮番轰炸。毛泽东审时度势，决定派兵入朝的同时，也派周恩来远赴莫斯科，同正在疗养的斯大林商谈，希望苏联能派出空军支援。

以斯大林为首的苏共政治局认为当前应该避免美苏直接对抗，那样将引

❖ 苏联空军

起世界大战。周恩来逗留苏联十几天，无功而返。毛泽东以革命家大无畏的气势说："苏联人怕美国，不敢出兵，我们中国人不怕，不能眼睁睁地看别人家失火而置身事外，不管是否有苏联人的空军支持，中国一定要出兵。"10月25日，首批志愿军渡过鸭绿江，中国军队正式参战。

知识小链接

朝鲜战争爆发时，中国东北地区只有少量兵力，福建沿海和西南地区却聚集了四个野战军团，几十个军200多万人。此时的中央正踌躇满志地准备解放台湾，完成对国民党反动政权的最后一击。正是朝鲜战争的爆发让党中央失去了解放台湾的最佳时机。

时隔一个月，斯大林忽然通知中国高层：苏联已决定提供空军支持，支援朝鲜战争。但前提条件是不能泄露这一秘密，所有飞机必须涂中国或朝鲜标识，飞行员不能说俄语，不能进入敌占区，以免被美国空军击落后泄露苏联参战的事实。

苏联空军

斯大林原本不同意出兵朝鲜，为何短短几十天忽然改变主意，同意派出空军呢？有人认为是美军轰炸了海参崴空军基地，致使斯大林决定参战。但美苏双方当时都在极力避免冲突，谁也不敢碰对方一下，更不可能冒失地轰炸对方基地；有人认为苏联出兵是周恩来的外交努力的结果，此观点也不正确。周恩来到达莫斯科的第一天就一直在斯大林讲明事态严重性和中方的期望，斯大林也不可能因为感动周恩来的努力而改变初衷。

到底是什么原因让这位苏联顽固的独裁者改变想法，决定派空军参战呢？是听了某位远见卓识的元帅建议？还是真正地感到了美国的威胁？对于这起影响世界政治格局的事件真正起因，我们不得而知。

Part5 第五章

泄密的"黄色计划"

1939年，德国成功突袭波兰，用闪电战占领了整个波兰。胜利来得太快，纳粹兴奋之余，制订了一份绝密的侵略战争——"黄色计划"。

德国制订的这份绝密作战计划，其实早在计划之初就被法国和盟军的情报人员截获了。1939年12月，圣诞节期间，英法政府在一次意外事故中从德国航空司令福尔米处获得了一份"第五号训令"，训令中透露了"黄色计划"，露骨地讲明了未来德国的作战计划，其中包括德国纳粹军团将从比利时入侵法国，然后从北方对英国实施空袭。这份意外收获的绝密计划对英法情报部门可谓是喜从天降，立刻将这一重要信息反馈给英法高层。

然而正是这份绝密情报成为英法两国和盟军的枷锁，德国用这个计划成功地实施了一系列的骗局。原来纳粹意识到计划泄露，再也不可能实施"闪电战"，于是改变了作战计划，将守候在比利时西南部英法联军一分为二，兵锋直指法国首都巴黎，猝不及防的盟军被德国纳粹逼向海边，最终上演了史上规模最大的军事大撤退——敦刻尔克撤退。德国以更为成功的突袭方式占领整个法国。

其实早在1940年4月份，就有驻德国的情报人员向巴黎和伦敦发回重要

信息：德国已经改变了"黄色计划"，新的计划和已经泄密的计划有所不同。但这份珍贵的情报并没有引起英法当局重视，高层依然坚信那份意外获得的情报。德国方面为了使英法相信老"黄色计划"，在明知有监听的电话上暗示老计划，还和亲德国的欧洲外交官交流相关信息。所有情报表明，"黄色计划"准确无误，英法当局派重兵坚守马其诺防线。

现代军事研究专家在翻阅英法当年的秘密档案时，发现了关于修改过后的"黄色计划"，证明盟军高层是了解这一情况的。令人迷惑的是，为什么盟军高层对这个情报置若罔闻，没有做任何准备呢？在瞬息变化的情报战中，任何一条消息都是前方情报人员历经艰险后获得的，可这条反馈到后方的重要情报为什么会被束之高阁呢？史学家们猜想，是德国的骗局做得太像真的了，以至于盟军坚信德国会凭着庞大的装甲集团，正面袭击马其诺防线，从而未在比利时中部设防，造成盟军全线溃败。

> **知识小链接**
>
> 希特勒在各种场合都信誓旦旦地向英法保证，德国不会入侵英法两国，而会一心向东发展。德国在西线作战时，和苏联签订了互不侵犯条约，以保证苏联不会从波兰方向袭击德国。苏联看到英法的前车之鉴，不再信任希特勒，在国内全面备战，以防德国入侵。正是这份清醒让苏联避免了第二次世界大战时完全覆灭，并最终击败法西斯德国。

❖ 敦刻尔克撤退

Part5 第五章

珍珠港"苦肉计"之谜

1941年12月7日，日本海军对美国的珍珠港实施突袭，造成3600名海员死伤，除了不在港内的舰艇外，美国太平洋舰队差点全军覆没。

1940年，日本参谋本部为摆脱战争困境，获得各类资源，全面占领整个东南亚，打击英美在亚洲的势力，密谋制定了偷袭珍珠港事件。为了迷惑美国，日本一方面和美国进行细致的谈判，一方面积极筹备对美战争。

"珍珠港"事件后，美国总统罗斯福发表演讲，宣称国家进入紧急状态，要求美国各大工厂开足马力，全力生产舰艇、战斗机和轰炸机。12月8日，英、法、美等国对日宣战，太平洋海战全面爆发。

历史学家研究过所有的档案后认为，其实美国早已截获了日本密电，知道了偷袭预谋，"珍珠港"事件不过是老奸巨猾的罗斯福实施的苦肉计。

❖ 珍珠港

第一次世界大战时，美国作为中立国，向交战双方出售了大量军火，发了大财，一跃成为最富有的国家。尝到甜头的美国人乐此不疲，当第二次世界大战烽火遍布欧洲时，美国人准备故伎重施，再发一笔财。美国位于北美大陆，与欧洲和亚洲隔海相望，世界各地的战争再激烈，也和美国无关，美国人始终可以高枕无忧地赚军火钱。所以第二次世界大战之初，美国一直奉行着"孤立主义"。

罗斯福总统是位杰出的、远见卓识的政治家，他深信若不及时伸出援手，等轴心国控制了欧亚以后，美国将面对前所未有的威胁，所以美国在这场战争中不能置身事外，必须参战。但美国是民主国家，任何重大决策必须经过国会批准，罗斯福总统虽愿参战，但没有足够的理由去说服国会的议员们。

50年后解密的档案显示，已经有情报

❖ 珍珠港

> **知识小链接**
>
> 日本海军大将山本五十六一手策划了"珍珠港"事件。山本早年在美国留学时就酷爱赌博，并有高超的赌技。山本曾经有一次去欧美考察各国海军，在摩洛哥一家赌场，他想进去一试身手，没想到被赌场拦下。山本五十六的格言是：要么大赢，要么大输。"珍珠港"看似日本捡了个大便宜，实则加速了日本军国主义的覆灭。

人员将日本可能袭击美国军港的消息发回国内，但美国海军并未理会。12月6日，美国空军侦察机发现了一个日本登陆舰队，飞行员立即报告上级，要求加派飞机予以跟踪。但飞行员得到的指令是：取消跟踪监视！

越来越多的证据显示，总统罗斯福已经掌握了这一绝密情报，甚至海军高层也有人知道。罗斯福以牺牲"珍珠港"为代价，立刻获得了所有美国人的支持，再无一人反对对法西斯宣战。难怪丘吉尔听到"珍珠港"事件后，在日记本上写下"这是一个好消息"——同样作为巨人，他深知罗斯福的难处，两人都渴望美国参战，"珍珠港"事件无疑是最好的借口。

Part5 第五章

川军整团消失之谜

> 国民政府征调了20多万兵力部署在南京城内外，广大军民准备与日寇决一死战。南京失守，一个川军建制团一夜之间神秘消失。

1937年12月，日本侵华部队南下，目标直指国民政府首都南京。蒋介石积极备战，从各战区紧急调集20多万守军，布防在南京城内外。当时的司令官是唐生智，战前他信誓旦旦地向蒋介石保证将死守南京，要战至最后一兵一卒。没想到唐生智是个草包将军，空有大志却无统兵之能，战争刚一打响，全军迅速溃败。抵抗了不到两天，唐生智下令大军从南京城撤退。日军在南京实行了震惊世界的大屠杀，遇难同胞超过30万人。

在这些撤退的队伍中，有一个团奉命撤退到南京东南部的青龙山，令人惊讶的是，该团2000多人钻进森林茂密的青龙山后，再也没有走出来，犹如人间蒸发。

❖ 青龙山

南京沦陷后，日军清点中国守军时，发现唯有此团不知踪迹，他们没有被歼灭，也不可能冲出日军三道包围圈。1945年日本战败后，国民政府也调查过该团下落，但无迹可寻，查不到半点消息。

70多年过去了，这个完全由四川人组成的建制团下落仍不明。在青龙山一带，当地居民都没听说过整个团失踪之事，个别传闻也是从外面听说，关于战争的记忆，他们只能讲起解放战争时发生在这里的战斗故事。

有调查者深入青龙山后，发现半山腰有很多山洞，但这些山洞洞口狭小，内部空间很小，最多只能容下几十人，根本藏不下几千人的队伍，洞里也没有一丝住过人的痕迹。在青龙山不远处的西林耀村，有一位年过90岁的老先生，他告诉调查记者，他虽然没听说过川军消失一事，但村里却在那个时候来过一个四川兵，在当地一住就是50多年，直到80年代才去世。

2000多人的建制团去了哪里？他们是否真的进入青龙山？青龙山方圆只有6千米，这些人能藏到哪里？为何山上没有任何关于他们的印迹？一切都像谜一样让人难以释惑。

知识小链接

南京炮兵学院的费仲兴教授长期关注南京事件，他起初不信川军消失这事，但随着调查南京大屠杀事件的深入，他逐渐相信了此事。费教授通过调查后得出了结论：川军从紫金山打到青龙山后没了弹药。此时日军正在南京大肆屠杀平民，军官愧对几十万冤魂，饮弹自杀，士兵们自行解散，换成便装各奔东西。

◆ 现在的青龙山景色

Part5 第五章

赫斯——生皆是迷

1939 年 8 月，希特勒任命鲁道夫·赫斯为帝国元首接班人。赫斯前途似乎一片光明，可正在这时，他居然毫无征兆地驾驶战机逃到英国。

赫斯从 1920 年加入纳粹党，成为第 16 名党员。在一次纳粹党内部聚会上，赫斯第一次听到了日后成为国家元首的希特勒的演讲，立刻对他的演讲才能佩服得五体投地，认为此人将是让德国复兴的伟人。正是从那时起，赫斯就开始誓死追随希特勒，终身未变。

1923 年，赫斯和希特勒同时入狱，笔录了希特勒的《我的奋斗》；1925 年，赫斯成为希特勒的私人秘书；1932 年，赫斯担任纳粹党中央主席；1933 年，赫斯被任命为纳粹党副党首。赫斯在德国可谓炙手可热，是纳粹党里的第二号人物。正是这位前途无限光明的纳粹党魁，居然于 1940 年 5 月毫无征兆地驾驶飞机飞到英国。

赫斯为何有此惊人之举，70 多年来一直是个谜。美国作家夏伊勒认为，赫斯的目的很简单，就是为了在希特勒面前邀宠。德国发动第二次世界大战后，作为希特勒副手的赫斯日常工作就是管理党内事务，都是一些很无聊的事宜，而德国当时重要的工作（如战争和外交等），

❖ 鲁道夫·赫斯

则由希姆莱、格林、戈培尔等将军们负责。赫斯一下子从显赫的人物转变到不名一文的角色，其心理落差可想而知，他感到又嫉妒又失望。为了恢复他曾经的荣耀，巩固他在德国的地位，只身前往英国达成英德和平协议，这样一个大胆而又惊世骇俗的方式不失为一个最有效的办法。

苏联情报部门认为，赫斯单飞英国是纳粹党想停止两国的纷争，转而联合起来对付东边的苏联，不过该计划最终破产。

有人根据希特勒的公告认为赫斯精神可能出了问题，偏执地认为凭借他和英国空军司令汉密尔顿的私人关系，可以说服英国当局和德国达成停战协议。

赫斯的妻子认为他是为了避免德国和英国之间爆发战争，不愿见两国再发生大规模流血冲突；最近有研究认为，赫斯中了英国间谍的圈套。原来德国纳粹高层对占卜术深信不疑，英国情报机构巧妙地设计了一个连环骗局，让赫斯相信他若单独前往英国，将使两国和平，为希特勒立下盖世奇功。赫斯相信了骗局，并驾驶飞机义无反顾地前往英国。

有一点是可以肯定的，赫斯是绝对忠于希特勒的，自始至终从未动摇过，就算到了纽伦堡审判时，他也极力赞扬希特勒，不会为了减缓刑期而矢口否认对纳粹党和元首的忠诚。

鲁道夫·赫斯

对于这一历史谜案，世界众说纷纭，却没有定论。英国方面保存了一些绝密档案，但这些档案解密日期要到2017年。人们迫不及待地想解开诸多疑虑，包括赫斯单飞英国目的何在，是自作主张还是奉命行事？是一厢情愿还是和英国达成某种默契？

纳粹战犯失踪揭秘

第二次世界大战结束后，国际社会在纽伦堡进行了一场世纪大审判，对纳粹战犯进行彻底清算，然而许多重要战犯却神秘地失踪了。

林肯曾说过："你可以在一段时间内欺骗一部分人，也可以在一段时间内骗了所有的人，但你永远无法在所有的时间欺骗所有的人。"这句话用来描述美苏两国第二次世界大战后的丑行再恰当不过。1945 年春，盟军从西线击溃德军，苏联从东线战胜德国，东西两个战场相继失守，纳粹德国即将土崩瓦解。曾经无比猖狂的纳粹党高官如临末日，除了部分人仍在负隅顽抗外，其他的人作鸟兽散，纷纷出逃，有的人乔装后逃离柏林，有的人隐名埋姓躲入民间，有的人伪造护照进入邻国……

苏联和美国早对纳粹德国的一些专业人才垂涎三尺，尤其是导弹、航空、原子弹领域的专家，两国恨不得将其据为己有。庞大的第三帝国轰然倒塌，两个阵营俘获了许多来不及逃走的德国人。除了少数高级将领被送交到国际法庭外，更多人则被秘密送回苏联或美国，他们改变身份，从战犯摇身一变，成为这两个国家的专业人士。

❖ 德国纳粹秘密警察

几十年后的今天，全世界都知道纳粹党卫军警察头目海德里希并没有消失，他被美国中央情报局吸纳，成为美国对付苏联间谍的工具，这个双手沾满欧洲犹太人鲜血的刽子手在美国的庇护下，躲过了正义的审判。

米勒，盖世太保头目，以搜集德国共产党情报见长，20 世纪 30 年代指挥纳粹秘密警察疯狂镇压各地政治人士，残杀了无数德共和犹太人。第二次世界大战时，他直接参与了导致数百万犹太人死亡的集中营计划。1945 年，预感德国即将失败的米勒开始筹划潜逃，欧洲战火未熄，米勒已人间蒸发。

知识小链接

盖世太保是"国家秘密警察"的德文缩写，是纳粹第二号人物戈林组建，由党卫军控制，成员大多是狂热的法西斯分子和青年近卫军。盖世太保原名是"秘密警察处"，一个邮局小职员奉命为其设计一种内部使用的免费邮寄的邮票，他提议改名为"国家秘密警察"，简称"盖世太保"，这个名字立刻成为全世界谈虎色变的恐怖代名词。

❖ 纳粹战犯

147

其实米勒没有逃走，他先跑到瑞士，然后被美国中央情报局招安，开始为美国政府工作。美苏冷战大幕拉开后，米勒终于有了一展身手的机会，他成为美国反苏联情报专家，还是杜鲁门总统的高级顾问。米勒弹得一手好钢琴，极力在总统面前卖弄，以此晋身。

❖ 纳粹国家秘密警察

逃脱国际惩处的米勒还把原先纳粹老部下招进美国情报系统。米勒异常狡猾，他不仅搜集苏联情报，还打听美国各部门的内部秘密，借机抬高自己在美国政界的地位。米勒平时持有瑞士假身份证，美国还派出士兵为其当保镖，24 小时保护他的安全，防止犹太人对他突然袭击。最令美国公众气愤的是，中央情报局居然为他配了一名狙击手，任何怀疑并试图查清米勒身份的人士都会被无情地灭口，至少有 6 个人为此丧命。

❖ 唯一一支继承了纳粹军服的军队

Part5 第五章

"胡志明小道"之谜

越战期间，在崇山密林的越南境内有无数条补给运输线，越共称之为"中央走廊"，以美国为首的西方媒体称之为"胡志明小道"。

这条小道的长度、线路和起始地，外界从没真正了解过。美国人花了很大代价，投入很多地面部队试图切断这条"越共运输线"，但直到越战结束，美国人也没弄清这条秘密通道的面貌，对其一无所知。

1959年5月，越共中央决定在北方的密林中开辟一条通往南方的运输通道，为南方作战的越共部队提供物资。从此，北越的干部南下、弹药补给、中苏支援等都是通过这条小道，靠着肩扛、人背、牛车，甚至自行车运载将物资、人员源源不断地送往战火纷飞的南越。它是越南境内一条贯通南北的"大动脉"，是一条永远炸不断的"生命线"，更是美国人挥之不去的梦魇。

1969年，越共领袖胡志明去世，但这条承载着越共命运的小道却依然活跃。美国人无法容忍大量补给、弹药通过这条小道源源不断地送到越共士兵手里。20世纪70年代初，美国空军用B-52巨型轰炸机对隐藏在密林中的小道进行了为时一年多的轮番轰炸，就算炸不烂这条小道，也不可能再有物资送达南方。令美国人抓狂的是，越共士兵仍然补给不断，大量的物资似乎从是地道里运到南方，轰炸显然没有收到任何效果。

更为可笑的是，美国人居然用计算

❖ 胡志明小道

机来模拟这些小道的设计，企图从中找出破解之道。殊不知，这些密林小道是越南劳动人民智慧的结晶，是实践与环境的巧妙结合，现代计算机如何能破解？越战结束后，美越关系渐渐缓和，《探索发现》频道曾专门派摄制组来到越南，试图一探究竟，可节目组忙活了一个月，也没弄清这条小道的起点、终点和路线，只有无数崎岖小道像蜘蛛网一样在密林中扩

❖ 胡志明小道

散、延伸……

"胡志明小道"在 16 年间，向南方运送了 100 多万越共士兵、干部，不计其数的弹药和给养，也有无数的游击队员命丧此小道。这条小道在任何地图上都没有标注，但它的闻名程度却超过世界上任何一条交通枢纽。

第六章
历史疑点追踪

英国历史学家爱德华·卡尔说过："历史是人类与时间的对话。"历史学家的义务是如何在残缺不全的记忆中探寻事件真相，还原真实的历史。世界处于一个时间永不逆转的空间里，再详细的记录也不可能完全、准确地记载历史的真相。本章，我们将一起去了解世界上的一些历史疑点，以全新的视角去尽量接近历史真相。

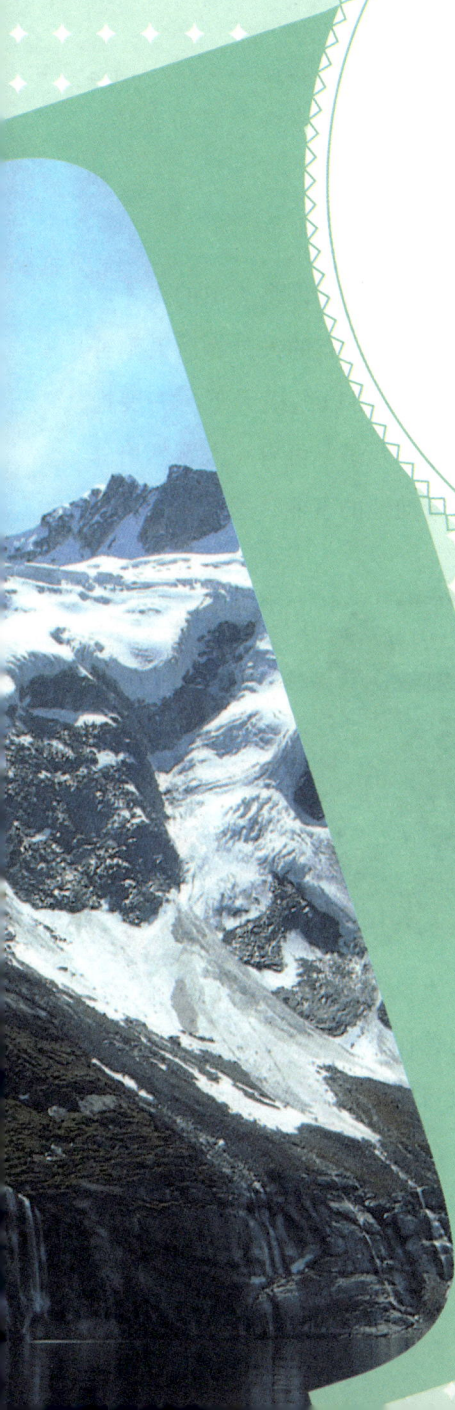

是否真有鬼谷子其人

中国传统文化中的"三教九流"有一流派名为"纵横家",而春秋时期的鬼谷子则是纵横家之鼻祖,但历史上真有其人吗?

春秋战国时期,各诸侯国出于生存的需要,涌现出了许多杰出的人才,他们文能治国,武能安邦,有的人是天赋秉异,有的人是靠后天刻苦努力,而有些人则是投拜了名师,学得一身本领,得以纵横天下,一展抱负。一个老师若能培养出一个人才,足可以骄傲一辈子,可有一人竟然培养出了四个经天纬地的奇才,每个人都做出了惊天动地的事业。这个人就是神秘的鬼谷子,一个隐居云梦山的道人。

鬼谷子是何许人?相传他是楚国人,姓王名诩,因常年在云梦山修道采药,隐居于鬼谷中,故自称鬼谷先生。鬼谷子主要著作有《本经阴符七术》与《鬼谷子》,前者是一本关于养身学的论著,后

❖ 鬼谷子

者则是关于言谈辩论、权谋策略、兵法诡道的著作。《鬼谷子》崇尚权谋策略与谈判技巧,甚至不排除谎话,其指导思想与后来儒家学说推崇的仁义道德、诚实守信等道德理念极不协调,相互矛盾。2000 年来,历朝历代的学者无不对其诋毁、批判,道学先生们对鬼谷子本人也不放过,批评他是无义无

信的小人，是个阴谋家。

有人认为根本就没有这号人，鬼谷子实际就是苏秦本人，他为了吸引人眼球，抬高地位，故意拟了这么一个神秘的名字，相当于他的艺名。支持这种观点的人们认为，若鬼谷子真有此才华，那么诸侯国一定会费尽心思把他请去，云梦山一带一定经常聚集着华车，以无上的热情来引接这位世外高人，可所有关于列国的文献均未提及此事。

有人认为鬼谷子一定存在，而且的确教授出了几名奇才，持此观点的人们以

❖ 鬼谷子

《史记》中所记载的为证据，在《苏秦列传》和《张仪列传》中都提到"苏秦、张仪皆学于鬼谷先生"，司马迁所处时代与苏秦、张仪时代不远，相隔200多年，因此可以断定司马迁的记载可信。现代史学家认为，张仪所处的时代比苏秦早80~100年，若他俩真是师兄弟，那鬼谷先生的岁数要超过150岁，这显然是不可能的，可以证明《史记》记述有所偏颇。况且司马迁写史记时，往往将一些传说和故事写入其中（比如刘邦之母意外怀孕生子的离奇故事），鬼谷子的传说难免有杜撰之嫌。

第三种观点认为鬼谷子确有其人，但并非像传说中的那样高深莫测，他懂得一些兵法谋略，但属于纸上谈兵，并未真正实施过。苏秦曾经跟随他学过谋略，但苏秦的成功更多的是他自己努力奋斗的结果。苏秦成名后，人们想当然地认为他的老师一定是位世外高人，就杜

知识小链接

《鬼谷子》一书作为纵横家游说争辩的经验大总结，其实用价值是不言自明的。但也正是它的这种作用，隋朝有学者认为《鬼谷子》教人学诡辩术，将事实曲解，甚至陷害忠良，祸国乱邦，是奸佞小人的生存之道，正人君子应该远离它。以今天的观点看，我们不能因为它有消极的作用而完全否定它的实用价值。

撰出了"鬼谷子"的称谓，所以后来的孙膑、庞涓等，提到师从何处时，总要加个"相传"，以示消息不可考，或者是口口相传。

从现存的历史文献来看，关于鬼谷子的观点有很多种，但大多不可信，抑或资料不全，不足以下结论。鬼谷子其人正如其名一样，虚虚实实，亦真亦假，令人无法考证。

❖ 鬼谷子

Part6 第六章

秦始皇生父之谜

秦始皇横扫六国，一统天下，建立了第一个中央集权的大帝国。可他的生父到底是谁不仅是历史谜案，也是两千多年来人们茶余饭后的谈资。

秦始皇是秦庄襄王之子，他的母亲赵姬曾是大商人吕不韦的爱妾，后吕不韦将赵姬送给了在赵国做人质的子楚，即后来的秦庄襄王。正是因为这个环节，后人猜测赵姬在被送给子楚之前就已怀孕，吕不韦这个老奸巨猾的富商，为了让自己的骨肉继承王位，才"慷慨"地把怀孕的爱妾送给子楚，并在子楚回到秦国后，不遗余力地帮他继承王位。若没有吕不韦花巨资上下打点，子楚根本没机会坐上秦王宝座。子楚当上秦王后，为了表示感谢，

❖ 秦始皇

封吕不韦为相国，让他富可敌国，权倾朝野。这就是成语"奇货可居"的故事。

有人反驳此传闻，认为暴秦荼毒天下，百姓怨恨，就编出很多故事来中伤秦始皇。汉朝以后，秦王是吕不韦亲子的传闻就开始在各种史册中出现。司马迁在《史记·吕不韦列传》中说："富商吕不韦在邯郸买了很多绝色佳丽，作为歌舞伎养在家中。其中一个已经怀孕，被子楚相中，他们暗中勾搭。吕不韦知道后很怒，但想到这个女子虽已怀孕但已失身于子楚，就冒出个想法：隐藏她有孕的事实，将其送给子楚，以图秦王位。"这是广为流传的版本，也是天下皆知的所谓内情。

同样是《史记》，在《始皇本纪》中又是另一种版本："……庄襄王在赵国做人质时，见到了吕不韦的姬妾，十分喜欢，就据为己有，后生下儿子，

> **知识小链接**
>
> "奇货可居"是指把极为稀奇的货物囤积起来，等将来升值时将其出售，会获得很高的回报。比喻把某种独有的东西作为资本，静待时机，以获得最高的收益。典故正是来源于吕不韦的故事。

❖ 秦始皇

秦始皇军事直道

因为在赵国出生，取名赵政。"这一过程再普通不过，没有任何惊奇之处。

一些人以《史记》为证据，认为嬴政是吕不韦的儿子，为刘邦、项羽造反找理由；汉代史学家认同此观点，认为大汉取代后宫污秽的秦帝国是历史的必然。六国遗民宁愿相信这个传闻，是恼恨秦始皇灭了六国，他们巴不得嬴政有这样的身世。

秦始皇

反对者认为，就算富可敌国的吕不韦有此阴谋，也不可能有通天的本事助原本没有继位希望的子楚登上王位，退一步讲，子楚若登上王位，将会有更多嫔妃和子嗣，立吕不韦的儿子为王储希望更是渺茫。嬴政是吕不韦之子完全是后人杜撰的，而且无一例外带有鄙夷、污蔑的个人情感。

秦始皇的身世可谓是一个千古谜案，各种说法甚嚣尘上，但真相却渐行渐远，也许嬴政就是子楚的儿子，根本没有那么多离奇的身世；也许他真是吕不韦的儿子，是这位富商"奇货可居"阴谋的战利品。

■ Part6 第六章

屈原沉江之谜

屈原眼睁睁地见楚国朝纲不振、日渐衰退，他满怀悲愤，不愿随波逐流，也不愿苟活于世，于公元前278年五月初五抱石沉江。

屈原是中国最伟大的爱国主义诗人之一，是我国最早的浪漫主义诗人。他创造了"楚辞"文体，代表作有《九歌》《离骚》等；他有高尚的情操，廉洁的品行，远大的志向；他忧国忧民，始终不改爱国情怀，被放逐后依然时刻挂念着楚国的前途。他死后被后人深深地怀念，将五月初五定为端午节，以此来纪念这位伟大的爱国诗人。

是什么原因让屈原彻底绝望，抱石跳江呢？最普遍的观点是，屈原感到楚襄王昏庸无能，楚国危在旦夕，当他听闻秦将白起攻入了郢都，他的政治理想彻底破灭，对前途感到绝望，只得以死明志。可白起攻入郢都是襄王14年，大约公元前275年，而屈原沉江则是襄王11年，即公元前278年，两件事一前一后，因果倒置，屈原不可能因为秦国攻破郢都而投江自杀。

❖ 屈原

有学者认为屈原极有可能是被人谋杀，幕后凶手就是楚襄王。原来屈原曾经恋过美人郑袖，而郑袖正是楚怀王的宠妃，楚襄王即郑袖的儿子，他还有个弟弟名子兰，而这个子兰即是郑袖与屈原的私生子。楚怀王被秦国所骗来到咸阳，最终客死他乡。襄王即位后，封子兰为令尹，位居百官之上。屈原认为子兰是他的儿子，这次终于可以回到郢都，报效楚国了，可子兰为了隐藏他和屈原的关系，派出杀手将屈原灭口。屈原正是被子兰派出杀手捆绑后丢入汨罗江。"端午"一词也是来源于此，"端"即"端正""改正"，"午"通假"忤"，两者合在一起是"端正忤逆"的意思，暗指楚国改正屈原和国后郑袖的违逆之恋。这种说法太过离奇，更像是一部联想丰富的电视剧。

> **知识小链接**
>
> 屈原很有才华，擅长辞令，起初很受楚怀王的器重。屈原为了楚国复兴大业，积极辅佐楚怀王，对内变法图强，对外主张联盟赵齐抗衡秦国，使楚国一度空前繁荣，国富民强，威震诸侯。秦国派出能言善辩的张仪，凭借其三寸不烂之舌骗得楚怀王客死他乡，使楚国一步步孤立，最终灭亡。

❖ 屈原

另有一种观点认为屈原是抱憾而死。屈原曾主张楚国和齐国、赵国结盟以抵抗秦国，为此他不顾被放逐、被流放的身份，多次向楚襄王上书，陈述抗秦大计。可是楚襄王早已忘记了国恨家仇，反而和秦国结为盟友，疏远赵、齐。屈原早已看穿了秦国的狼子野心，认为楚国将很快灭亡。他为此忧愤不已，不忍看到楚国灭亡，百姓涂炭，决定以死力谏，提醒昏聩的楚襄王。这种观点比较符合屈原的人物性格，也符合楚国当时的历史环境，但缺乏足够的文献记录和官方资料。

2000多年弹指一挥间，屈原高尚的情操和忠贞的爱国情怀被后人无限凭吊，但其真正死因却是历史谜案，只有依然奔腾的汨罗江，无言地向人们诉说着那感人的一幕。

Part6 第六章

明太子下落之谜

1644 年，闯王李自成率领的大顺军一路东进，直入北京，惊慌失措的崇祯皇帝在煤山上吊而亡，历经 276 年风雨的大明王朝轰然倒塌。

大明末代皇帝崇祯死后，他的几位皇子下落如何一直是史学家，特别是明史学者研究的重点，许多明史学者终其一生也没有解开这个谜团。想来也属正常，大顺军进入北京城后，烧杀抢掠，对富贵之家更是充满仇恨，几位皇子为了躲开迫害，早已改名换姓，潜入民间，哪里会留下一丝蛛丝马迹。

崇祯皇帝一共有 7 个皇子，其中除了 2 个早年夭折外，仍有 5 个。长子朱慈烺是太子，北京沦陷时 16 岁；三子朱慈炯为定王，是年 14 岁；四子朱慈照为永王，是年仅仅 10 岁。

❖ 明朝建筑

有明史专家研究后认为，李自成破北京后，有三位皇子被俘。李自成挟着吴三桂的父亲吴穰连同三位皇子赶赴山海关，去招抚总兵吴三桂。本打算投降的吴三桂听闻刘宗敏占了他的府邸，夺了他的美妾陈圆圆，一怒之下拒不投降。为了抵抗大顺军，吴三桂敞开山海关，引来辫子军。

李自成兵败逃回北京，为了圆皇帝梦，匆忙在北京称帝。第二天，李自成挟持三个皇子继续南逃，去投奔曾为对手的张献忠。当李自成逃到湖北慈利时，受到当地大地主阶层的阻击。三位皇子被当地朱姓大族救下，后改姓"万"，隐名埋姓隐居在县城东郊。

明朝覆灭，清朝建立。康熙时，清廷兴起"文字狱"，大肆屠杀中土文士，激起读书人不满。许多图谋造反者利用文人士卒怀念前明的情感，纷纷蹿出来闹事，有多人声称是前明太子朱慈炯。经清廷剿灭审查后，均是冒名顶替，并无一人和朱氏有关系。

明朝皇帝像

中国人似乎总爱将失踪的名人列入空门，建文帝如此，李自成如此，朱慈炯也如此。民间风传前明太子见"复明"无望，早已看破红尘，遁入空门。

清朝有野史声称："前太子在逃出北京城时，被大顺义军拦截，抢夺了他们携带的金银细软后被这帮乱军所杀。"

康熙剿灭三藩时，又有人声称太子被吴三桂绞杀。提出这一说法的显然是反吴三桂的前明遗老遗少，他们恨吴三桂引入辫子兵，灭了大明朝，因此

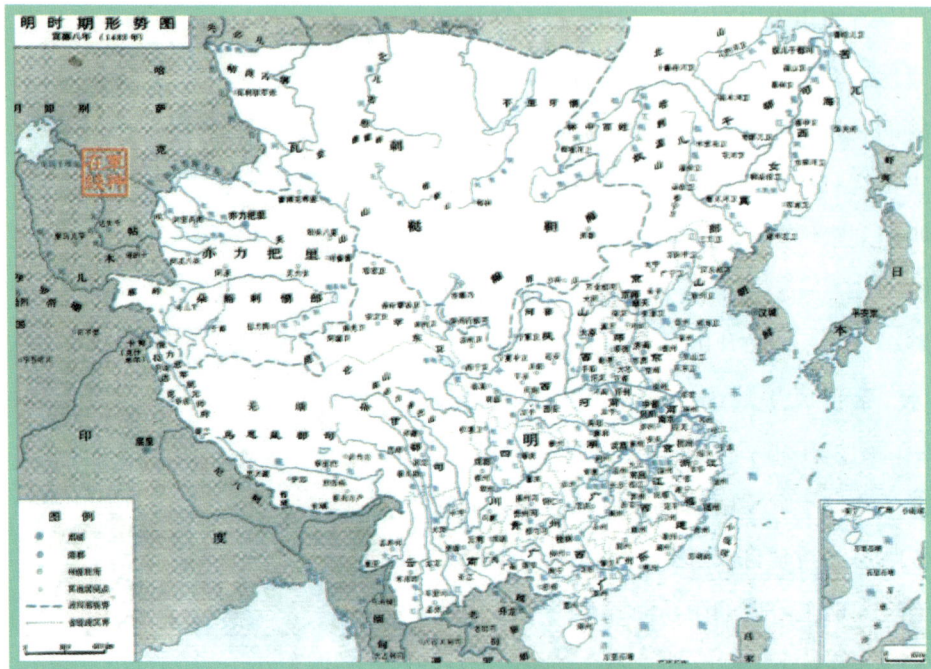

❖ 明朝地图

将仇恨转移到吴三桂身上。

　　关于朱慈炯的下落，民间还有很多离奇的传说，但无一可信。时间过了300多年，今天的史册中再也没有任何关于明太子的记载，明太子的下落也成为永远无法解开的谜团。

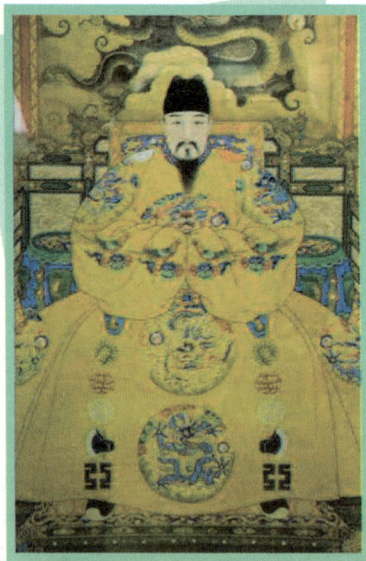

❖ 明朝皇帝像

查理大帝加冕之谜

公元 751 年，"矮子丕平"废掉墨洛温末代国王，自立为帝，加洛林王朝建立。而使加洛林王朝壮大的却是丕平的儿子——查理大帝。

查理大帝所处的时代是欧洲从农奴社会向封建社会转型的时期，他一系列的政治改革适应了新兴封建地主的要求，在法国很受拥护。查理是位十分好战的国王，他对外进行过 50 多次战争，每次战争都将帝国版图不断扩大。公元 795 年，教皇阿德去世，里奥三世在查理大帝的支持下，当选为新教皇。里奥为了答谢查理，不顾廉耻地在罗马为查理唱赞歌，他的这种行径引起罗马贵族强烈反感，反对者冲进宫邸，逮捕了里奥。情急之下，逃出监狱的里奥派人向拜占庭国王求救，但遭到拒绝。里奥转而向查理求援，查理带兵将里奥护送回罗马，用武力解决了这场教内纷争。里奥出于对查理的感恩，挖空心思地找机会报答他。公元 800 年的圣诞节，里奥在罗马和到访的查理交谈时，出人意料地拿出一顶皇冠，为查理加冕，敕封他为"罗马人皇帝"。

里奥的这一行为开创了一个先例：教皇为皇帝加冕。关于查理加冕的问题，史学界有不同的观点。有人认为查理本人根本无意做罗马

❖ 查理大帝

里奥三世为查理大帝加冕是欧洲中世纪最重要的历史事件之一，影响极为深远，开创了皇帝接受教皇加冕的惯例，象征着欧洲各国的皇帝的权力虽然无限，但却受之于罗马教皇，暗含皇帝低于教皇的意思。教皇为皇帝加冕的传统，也为日后的封建王权与宗教教权之争埋下了祸根。

人的皇帝，是教皇里奥三世一厢情愿、极力讨好的结果，是教皇个人的报恩行为。史书《查理大帝》中记载了加冕的全过程："……查理仰望着基督像，表情严肃，全身心地投入弥撒仪式中。忽然，里奥三世大跨步地走到查理面前，拿出一顶早已准备好的皇冠戴在查理头上，大声宣布：'现在，查理是伟大的罗马皇帝！'随后所有参加仪式的教众大声呼喊'伟大的查理大帝万寿无疆'……"查理被教皇的这一举动惊呆了，无所适从地站在原地。他在后来的回忆中说道："我根本不需要'皇帝'的称号，也不需要这些荣誉，我只担心罗马皇帝的称谓将引来拜占庭的罗马人的嫉恨，对法兰克王国不利。若知道教皇有这样的安排，我那天绝不会去罗马的。"

❖ 查理大帝

西方有史学家对《查理大帝》的记载表示怀疑，当时的查理已经有无上的权利，若他不想为"罗马人皇帝"，是没有人能勉强的，教皇里奥三世绝不敢做查理不想做的事。事实上，《查理大帝》的作者相当于查理的私人秘书，他负责记录这位帝王的日常一切行为和活动，他如此记叙加冕仪式无非是想突出查理的谦恭，带有强烈的个人情感。

❖ 查理大帝

❖ 查理大帝

有学者综合了以上两种说法，认为加冕属于两厢情愿，查理虽自认为有功于罗马，但还不至于要求加冕。当教皇献媚地将皇冠放在他头上，他很开心地接受了"罗马人皇帝"的称谓，默许了教皇的报恩行为。

以上三种观点除了《查理大帝》是正史外，其余两种是史学家综合各种因素后的推测。一面是查理最信赖、最恩宠的宫廷秘书，一面是史学家的推测，哪种更接近事实？

Part6 第六章

年羹尧被杀之谜

年羹尧官居一品，位极人臣，是雍正皇帝最信赖的大臣。可正是这样一位立下赫赫战功的抚远大将军，被雍正帝削官夺爵，赐死罪。

年羹尧是进士出身，曾任四川总督、抚远大将军。他驰骋疆场，运筹帷幄，曾平定西藏叛乱，立下赫赫战功。正是这样一位享尽特殊待遇，皇帝面前的第一红人，忽然间风云突变，被雍正帝夺去官位，并赐死罪。年羹尧之死很突然，也有很多疑点，关于他为何被杀，历史学家众说纷纭。

一种观点出现在晚清后期的野史中，认为雍正帝这么做无非是杀人灭口。原来年羹尧曾参与了康熙皇子们的"九子夺嫡"，胤禛（即后来的雍正帝）为了夺得嗣位，勾心斗角，使尽各种手段，而所有阴谋诡计的执行者都是年羹尧。正所谓"狡兔死，走狗烹，飞鸟尽，良弓藏"，当年羹尧声誉日隆，雍正帝越发觉得他有朝一日会将往日的密谋泄露出去，从而激起这位皇帝的猜忌心，决定除去昔日功臣。

❖ 年羹尧

另一种观点认为年羹尧有自立之意。清朝学者萧爽曾说道："年羹尧与一些方外之人联系紧密，经常请一些占卜术士，为他看天象、算命。"萧爽认为，年羹尧被夺兵权后，有幕僚劝其晋帝位，年羹尧思考良久，默然许之。这些说法更像是野史演义，萧爽这么做无非是迎合后来的乾隆帝，为雍正诛杀年羹尧找理由罢了。

有学者认为年羹尧虽无大过，但他居功自傲，妄自尊大，以至于招来同僚的怨恨和雍正帝的不满。雍正帝是个自尊心极强的人，很喜欢表现自己，年羹尧的所作所为明显触及了雍正的面子，这是这位心胸狭窄的皇帝所不能容忍的。雍正从不认为年氏会谋反，也不惧怕他反击，事实再清楚不过，朝廷所罗列的92条大罪，不过是皇帝为了处死年羹尧而罗织的罪名，而后世的御用史学家借此为证，力证年羹尧确有不臣之心。

年羹尧虽然并无谋反之意，但他自身

知识小链接

所谓"九子夺嫡"是指康熙九个儿子争夺帝位的故事。康熙晚年时，太子不肖，做出很多出格事，康熙大怒废掉了太子胤礽。诸皇子见胤礽被废，立刻围绕太子展开了一场激烈的争夺。诸子为了胜利，丝毫不顾及兄弟亲情，什么阴谋诡计、狠毒损招都用上，可谓无所不用其极。最后名不见经传的四阿哥胤禛成功上位，即后来的雍正帝。

也不是没有一丝瑕疵。功成名就的年氏自恃功高，擅自威福，妄自尊大，丝毫不知低调谦逊，以至于众多大臣争相弹劾年氏，让皇帝也无法保全他，趁势将其拿下。

不管雍正帝出于什么原因处死了昔日最恩宠的大臣，但有一点是可以肯定的，即年羹尧狂妄自大、居功自傲、贪污受贿等所作所为太过分，自己出卖了自己，以致招来杀身之祸。

❖ 王翔弘饰演的年羹尧

Part6 第六章

裕仁天皇脱罪之谜

裕仁可谓是第二次世界大战中最有表演才能的领袖，他在世界人民心目中树立一个印象：他是对军队、对政府毫无影响的傀儡，总之，战争与他无关。

1945年8月，日本战败投降，世界舆论认为裕仁天皇将难逃战争罪行，必将受到以美国为首的战胜国的审判。可历史再次和人类开起了玩笑：裕仁天皇居然神奇地逃脱了审判！这是为什么呢？让我们再次回到硝烟散尽的1945年年末。

盟军统帅麦克阿瑟刚占领日本时，就感受到天皇在普通百姓心目中的地位。他出于战略考虑，认为一旦追究天皇战争罪行，将激起日本国民的愤怒，他们会牢牢抱团对抗美军。同时，日本政治团体也在蠢蠢欲动，他们上蹿下跳，蝇营狗苟，为替天皇脱罪使出许多龌龊的伎俩，拿出7吨黄金，秘密送给麦克阿瑟的儿子。小麦克阿瑟不停地在父亲耳边分析时局，左右这位统帅做出对日本有利的决断。最终，麦克阿瑟向华盛顿报告，不赞成追究天皇的战争责任。

❖ 裕仁天皇

当时世界上不乏一些正义之士，力求惩处战争魁首，东京审判的大法官，澳大利亚人威廉·维著认为，若不审判天皇，那么针对其他人的判决都是不公平的。可是正义的呐喊没有阻止美国的一意孤行，在麦克阿瑟的斡旋下，美国出于冷战需求，没有对天皇提起战争指控。

在美国的授意下，裕仁发表了演讲，否定了"大东亚"观点，肃清国内军国主义残余势力，承认天皇是普通的人，还政于民选政府等。麦克阿瑟见达到了预期效果，便不再追究天皇的战争责任。站在今天回望历史，美国是出于冷战考虑，基于

❖ 裕仁天皇

知识小链接

由于没有审判日本天皇，决定了日本绝不可能认真反思那场侵略战争，更不会反省军国主义对亚洲各国造成的伤害。美国对裕仁天皇的偏袒直接导致日本军国主义阴魂不散，甚至有复活迹象。直到今天，日本仍对70多年前的那场战争念念不忘，仍然沉浸在昔日的战争荣光里，每年在"靖国神社"为230万战犯招魂。

全球战略和国家利益的考虑，给日本天皇发放了一张"免死金牌"。

当远东国际法庭审判日本战犯时，天皇在做什么？他仍待在皇宫里，为开脱战争罪行而挖空心思、绞尽脑汁地找措辞，写诏令。罪魁祸首侥幸脱罪，而天皇手下的战犯逐一伏法，这在第二次世界大战历史上，可谓十分蹊跷、荒唐的事了。

"人民的眼睛是雪亮的"，美国及其盟国为了一己之利，而置正义与法律于不顾，轻易放过了裕仁天皇，可世界人民并没有停止过对裕仁的声讨。1971年，裕仁天皇访问荷兰时，曾引起多起暴力示威，欧洲人民仍对裕仁天皇逃脱战争罪责而耿耿于怀，不愿昔日的战犯到访本国。不知那时的天皇心里作何感想？

Part6 第六章

徐福下落之谜

秦始皇一举吞并六国之后，终于实现统一大业，这时的他位高权重，盼望长生不老就成为他最为牵挂的事。

后来有术士向秦皇禀报，说东海上有蓬莱仙岛，那里生长着一种可以让人长生不老的仙药，于是秦始皇就派徐福率五百童男、五百童女和三千工匠，驾船东渡大海，去寻找长生不老之药。结果秦始皇到死未再见到徐福的身影。徐福去了哪里呢？有人说因为当时的航海技术太差，他们在途中碰到大风浪，全部葬身海中。而司马迁是在史籍中最早记载徐福的史学家，可是他也没有讲明徐福究竟去了何处。后人猜测他去了台湾或琉球，也有人说是美洲，但多数人认为他去了日本。最先认为徐福东渡日本的是五代后周

◆ 徐福

和尚义楚。他说："日本国亦名倭国，在东海中。秦时，徐福将五百童男、五百童女止此国，今人物一如长安……又东北千余里，有山名'富士'亦名'蓬莱'……徐福至此，谓蓬莱，至今子孙皆曰秦氏。"

❖ 徐福

义楚称这是日本和尚弘顺告诉他的。这一说法得到宋代文学家、史学家欧阳修的认同。明初，日本和尚空海来到南京，他做了首诗献给明太祖，诗中提到"熊野蜂前徐福祠"。清末驻日公使黎庶昌、黄遵宪等人，也都参观了当地的徐福墓，并作诗文题记。徐松石在《日本民族的渊源》记载，战国至先秦一段时期，中国东南沿海有大量民众东迁日本，徐福率领的童男童女也是其中一队，"徐福入海东行，必定真有其事。"香港著名学者卫挺生著《徐福入日本建国考》中更认为，徐福就是日本的开国者神武天皇仲田玄，并认为他是颛顼之后徐驹王 29 世孙。而台湾学者彭双松所著的《徐福即是神武天皇》一书，也支持卫挺生的观点。

时至今日，日本民间仍保留着不少徐福活动的遗迹，如和歌山县徐福和

❖ 徐福

171

❖ 徐福

他的船员七人墓、徐福宫，徐福的石家、徐福祠、九州岛佐贺县"徐福上陆地"纪念碑，另外日本还专门有奉祀徐福的金立神社，等等。

有些学者则坚持徐福东渡日本只是传说，因为目前找不到任何可考的历史文献来证明。更有人认为，徐福东渡日本的传说，是日本在公元 10 世纪左右的产物，并非是中国人编造出来的。徐福当时可能只到了渤海湾的岛屿，至于他在日本的事迹、遗迹、墓地，均属后人虚设。

此外，又有学者认为，徐福确实有东渡的事实，但他没到日本，而是去了美洲，因为徐福东渡的时间与美洲玛雅文明的兴起正好相符，日本与中国大陆紧邻，所以不需要耗费巨资，数年才能抵达。

但时过境迁，徐福东渡究竟去了哪里，至今没有公论。

孔子 不为人知的身世

孔子，我国春秋末期的思想家和教育家，儒家思想的创始人。这位在统治阶级中占有至高无上地位的古代著名学者，身上有着无数的光环。而他的身世，却有着神秘的色彩。

通过各种史料记载，有关孔子的身世问题，学术界有下面几种认识：一是有着迷信色彩的神人说。传说孔子的父亲和母亲在尼丘山祈祷求子，感动上天的精灵而生下孔子。东汉郑玄《礼记·檀弓正义》引《论语撰考谶》说："叔梁纥与微祷于尼丘，感黑龙之精以生仲尼。"当然，这种说法在现代看来是非常荒唐的。

二是带有迷信色彩的梦生说。这种说法同样荒诞。《春秋演孔图》中有记载："孔子母微在梦感黑帝而生，故曰玄圣。"又说："孔子母颜氏微在游太冢之睡梦感黑帝使请已，已往，梦口语曰：'汝乳必于空桑之中。'觉则若感，生丘于空桑之中。"大意是说孔母在梦中和黑帝有过神交，而生下了孔子，这种说法也毫无根据。显然这都是后人为了神化孔子的形象，而美化他的身世，这样就能托显出孔子不是凡人，从而树立一个"圣人"的形象，并让世人信奉孔子的观点主张。

❖ 影视作品中的孔子

❖ 孔子名言图片：出自《论语·述尔》

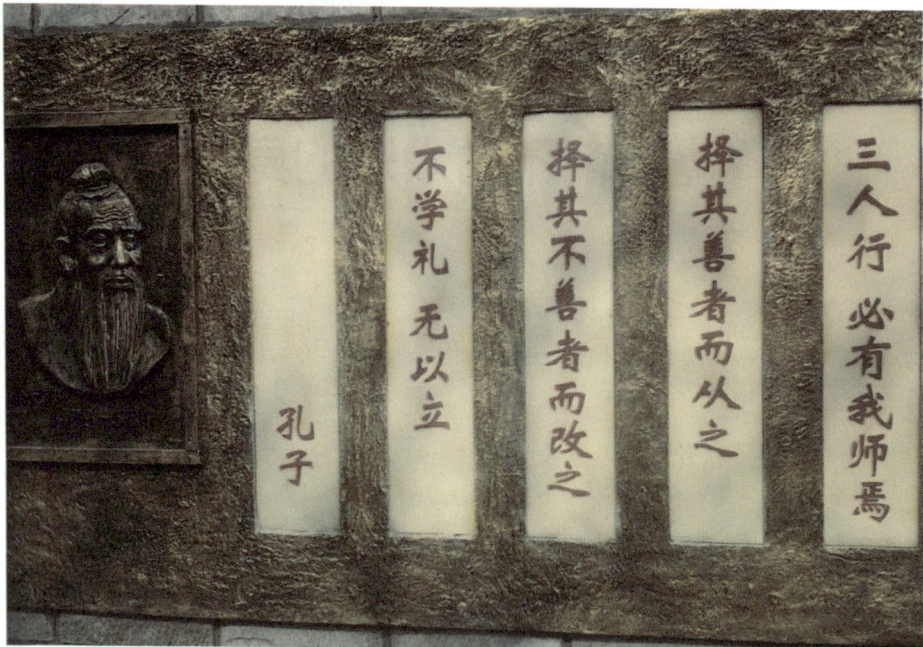

三人行 必有我师焉

择其善者而从之

择其不善者而改之

不学礼 无以立

孔子

❖ 孔子雕像

还有下面的两种说法，这就与迷信说法大相径庭了。

"野合"而生。司马迁《史记·孔子世家》记载："孔子生鲁昌平乡陬邑，伯夏生叔梁纥。纥与颜氏女野合而生孔子。"唐代学者张守节的《史记正义》对"野合"这个词作出解释，这里指男子在16岁至64岁之间、女子在14岁至49岁之间才能婚配，否则都是野合。司马贞的《史记索隐》验证了这一点："今此云野合者，盖谓梁纥老而微在少，非当壮室初非之礼，故云野合，谓不合礼仪。"

最后，还有孔子是私生子之说。《孔子思想体系》的作者蔡尚思曾经查证了大量历史资料，指出孔子自称吾少也贱，而颜氏女也在很长一段时间向孔子隐瞒其生父的信息，说明孔子出生前颜氏一真没被其家接受。因此推断孔子的母亲可能是奴隶或平民的女儿，家境贫寒。该书作者认为，"野合"应该是指孔子的母亲在野外被主人叔梁纥强奸，而让她怀孕生下孔子。这是对《史记》等书中所记载的"野合"一种全新的解释。而这种说法也使孔子"圣人"地位面临新的冲击。

由于很多史料对孔子的出生都是一笔带过，含糊其词。如范文澜所著《中国通史》第一册仅写道："孔子名丘，字仲尼，鲁国曲阜人。先世是宋国贵族，曾祖父逃难到鲁国。父叔梁纥，曾做鲁陬邑宰。""孔子生于公元前 552 年，卒于公元前 479 年，年七十三岁"。其他通史著作，也大致如此。所以种种说法只是猜测，不足为据。

孔子是中国古代伟大的思想家、教育家，在中国文化史上有着不可替代的作用，他对中国历史的影响是深远的。我们后人有必要了解孔子的真实身世，所以历史学家们都在努力还原一段真实的历史。

❖ 绒沙金孔子立像

❖ 孔子行礼像

Part6 第六章

不爱江山爱美人的**爱德华八世**

浪漫电影中常以"不爱江山爱美人"为主题，这种情节常常让人心动。然而现实世界中，面对权与利的诱惑，真的有人敢于放下，他就是英王爱德华八世。

1936 年 12 月 11 日，爱德华八世对外宣布自愿放弃王位，而与一个曾两次离婚的平民妇女结婚，是什么原因让他做出惊世之举呢？

她叫沃丽丝·沃菲尔德，是一位极普通的平民妇女，她既没有漂亮的容貌，也没有超人的才华。1931 年，爱德华王子在伦敦第一次遇到沃丽丝时，就为她通晓事理、举止潇洒的风度所倾倒，沃丽丝这时已近中年，但依然窈窕如初。虽然王子对沃丽丝一见倾心，但不可避免地遭到父母、王室、内阁及各自治政府的一致反对。连身患重病的乔治五世也曾忧虑地对首相鲍尔温说："我死之后，这个孩子很快就会把自己毁掉！"

乔治五世病逝之后，王位交给了爱德华，当他登上王位后就马上宣布要迎娶沃丽丝。这一决定遭到了英国王室和政府的一致反对，而爱德华八世却坚定地回答："我现在考虑的唯一问题就是自己配不配当沃丽丝的丈夫，和她在一起就是我永远的幸福……无论当国王还是不当国王，我都要娶沃丽丝，为了达此目的，我宁愿退位。"

❖ 爱德华八世

一场政治风暴骤然来临，沃丽丝也被扣上了"存心勾引国王，妄想当王后的'美国冒险家'"的骂名，在巨大的压力下她选择了悄然离去，她不愿意自己毁掉王子的一生。于是她在远离英国后写信给爱德华八世，要求分手。爱德华八世却毫不动摇，并在回信中说："即使因为和你在一起我一无所有，我也没有怨言，比起你来，王冠、权杖和御座都不重要。"这坚定的爱情远比一切誓言来的真切，这让沃丽丝在诽谤、咒骂声中得到一丝安慰。

❖ 爱德华八世

1936 年 12 月 11 日，继位不足 10 个月还未加冕的爱德华八世就对外发表了退位演说，他满怀激情地说："我的朋友们，没有我所爱的那个女人的帮助和支持，我感到不可能承担我肩负的重任。"几个小时后，在皇家海军驱

❖ 爱德华八世

❖ 爱德华八世

逐舰的护送下他永远离开了自己的国家，远渡重洋去寻找沃丽丝了。

1937 年乔治六世继位，封爱德华八世为温莎公爵。此时的爱德华八世与沃丽丝也已经在法国结婚，并相濡以沫地生活了 35 年。1972 年，享年 78 岁的温莎公爵病逝，沃丽丝也在对丈夫的思念中度过人生最后 14 年。每天，沃丽丝都会亲手将丈夫的遗物整理好，保持成丈夫在世时的模样。她在晚年以回忆录的形式寄托着对丈夫的思念，留声机里每天都要播放丈夫喜欢的音乐。

1986 年 4 月 24 日，沃丽丝因肺炎在巴黎逝世，享年 90 岁。他们之间动人的爱情故事虽然画上了完美的句号，但是作为"历史上伟大爱情"，它将流传千古。

为什么爱德华八世会做出"不爱江山爱美人"的举动呢？人们对此有着不同的看法和猜测，同时褒贬不一：有人认为，王子是受"现代派思潮"影响，要以此来冲击腐朽的君主制度；也有人认为是王子经受不住沃丽丝美色的引诱；还有人认为王子是为了真挚的爱情。更让人无法理解的是沃丽丝从来不公开地为温莎公爵辩解，也不为自己洗刷冤屈，是被世俗和礼教所束缚，还是另有隐情？希望有朝一日，人们可以解开这段伟大爱情之后真正的意义。

❖ 爱德华八世

Part6 第六章

罗马祖先之谜

罗马是怎么来的？有关罗马古城的传说，最有名的应该是"母狼乳婴"的故事了。顺着这个故事往前追溯，罗马人祖先的线索也逐渐明朗起来了。

为了夺回美丽的海伦，小亚细亚的特洛伊城被希腊人用木马计攻破。王子埃涅阿斯逃了出来，在神谕的指引下他逃到了台伯河附近。拉丁奥姆的国王拉丁奴斯非常欣赏埃涅阿斯，并将自己唯一的女儿许配给这位落难的王子，这一决定却遭到了王后的极力反对，因为她想把女儿嫁给吕土勒斯国王杜尔奴斯。于是，杜尔奴斯与埃涅阿斯发生了激烈的斗争。埃涅阿斯来到巴拉特城寻找帮助，在国王厄万德尔的帮助下，埃涅阿斯最终打败了杜尔奴斯。

❖罗马风景

❖ 罗马风景

拉丁奴斯王也按照他们先前的约定，把女儿拉维利亚嫁给了埃涅阿斯，并允许他带领特洛伊人在自己的领地内建造城池。这些城池便是后来罗马人的祖先居住的地方。

国王埃涅阿斯死后不久，他的儿子来到阿尔巴山建立了阿尔巴城。这座城先后被 12 位有特洛伊血统的国王统治。第 12 位国王普罗卡斯去世后，弟弟阿穆留斯阴谋篡夺了哥哥奴弥多尔的王位，还残忍地杀死哥哥的儿子，哥哥的女儿则被送到贞女院。战神玛尔斯使这个女人生了一对双胞胎。也有人说这对双胞胎是奴弥多尔的孙子。狠毒的阿穆留斯发现后，害怕孩子们长大以后来报仇，便下令把两个孩子装在篮子里，丢进了台

❖ 罗马风景

◆ 罗马风景

伯河。幸运的是，两个孩子没有被淹死，河水还把篮子冲到岸上。一只母狼听见孩子的哭声跑了过来，但它没有伤害婴儿，而且还把他们叼回窝里，用自己的奶喂他们。后来一位牧羊人发现了这对孩子，他把两个孩子抱回自己家里，抚养成人。他给兄弟俩分别取名叫罗慕路斯和勒莫斯。

兄弟俩长大后知道了自己离奇的身世，便找到他们的祖父奴弥多尔，并在老百姓的支持下，杀死了恶毒的阿穆留斯，夺回王位。但是，权利可以迷惑最亲密的弟兄，并让人变得自私、不择手段。当初一起长大，一同作战的亲兄弟为了争夺王位竟也反目成仇。结果弟弟被杀死，哥哥罗慕路斯成为城市唯一的主人。这个城市的名字——罗马，正是以他的名字来命名的。

当然，这段惊心动魄的故事有大量的神话故事出现，不足以证明罗马人的真实由来，所以后人还需要在一点一滴的历史资料里去拼接还原最真实的历史。

Part6 第六章

"法老诅咒"是真实存在的吗

"法老图坦卡蒙（埃及第十八王朝国王）的诅咒"的传说，很多人都听说过，并且在西方的电影中不断地被演绎，这个神秘的现象是真有其事还是小说家的杜撰，恐怕是仁者见仁，智者见者。

最近，一位英国学者通过查找大量的资料和文献后指出，"法老诅咒"不过是近代英国小说家通过臆想后一手炮制的宣传结果，有关诅咒的传言也并非来自古埃及，更非真有其事，这一说法终于解开了困扰世人几十年的谜团。

❖ 法老诅咒

❖ 法老金字塔

❖ 埃及法老雕塑

"埃及法老图坦卡蒙的诅咒"指的是什么呢？相传古埃及法老为他们的陵墓施下咒语，谁要擅自闯入他们陵墓，就要为此付出生命的代价。

英国公开大学埃及学家蒙特塞拉特揭开了"法老图坦卡蒙诅咒"之谜。他把时间拉回到 1828 年的英国，当时在伦敦皮卡迪利剧场公演一出"木乃伊脱衣"的表演，当时只有 23 岁的小作家韦布刚好在场并观看了这场表演，他在这场表演中突发灵感，创作了以未来世界为背景的小说《木乃伊》。小说中描述，在 22 世纪，木乃伊复活报仇，他要杀死小说中的英雄人物——青年学者埃德里克。

在这之后，关于木乃伊的文章越来越多，内容也越来越丰富。例如，有一部没有标注作者的童话《事业成果》，描述木乃伊是复仇心中的恶毒灵魂，而一名勇敢的探险家将木乃伊烧死，才使金字塔得以照亮。30 多年后，木乃

❖ 埃及 法老雕塑

伊诅咒传入美国，并在美国扎根生长。例如，1869 年奥尔科特的短篇故事《金字塔迷途记》，该小说最近在美国国会图书馆由蒙特塞拉特找到。此书一部分取材于上述英国童话《事业成果》。书中提到，主人公经历一番探险，将木乃伊在陵墓中烧死之后，就在陵墓内发现了一个金盒子，里面装有一些被法老施下咒语的种子，他在并不知情的情况下偷偷带回了美国。他的未婚妻得到种子并将其种下培养，这些种子开花结果，她在婚礼上因佩戴这些奇花并闻到了花香，就此变成木乃伊干尸，完成了木乃伊的复仇。

而到 1923 年，法老王图坦卡蒙的陵墓被开启，更加激发了小说家将木乃伊和诅咒联系到一起的灵感，引出了许多关于法老诅咒的小说，将两种本不相干的事情联系在一起，更加深了"法老诅咒"的神秘性。其实，埃及法老陵墓打开时有 26 人在场，10 年内 6 人相继死亡，这也不能说不符合客观规律。所以说，世界上没有什么神秘的事情，只有未知的事情。

法老金字塔